这就是历史 ①

葡萄牙

唐晋
主编

河北科学技术出版社

前 言

在《大国崛起》这本书的封面上写着:以历史的眼光和全球的视野解读15世纪以来9个世界性大国崛起的历史。

何谓历史的眼光?丘吉尔说,能看到多远的过去,就能看到多远的未来。

我们当今生活中、社会上以及国际事务中所遇到的许多问题,其实都可以从历史中获得启示或找到答案。

你能看到多大的世界,就有多大的眼界和格局。

何谓全球视野?周有光老人说,不要只从中国看中国,也不要只从中国看世界,要从世界看中国。

未来终究会到来,中国也必定要面向世界。

我们也越来越深刻地感受到,每个时代的一粒沙,落在个人头上都是一座山。国家的命运,深深影响着个体的未来。那么何谓时代?何谓国家?何谓世界?何谓历史?

人类历史上的"大国"不胜枚举,不乏灿烂辉煌、声名赫赫之辈,但真正称得上"世界性"的,还是要从航海大发现,整个世界版图在人类面前徐徐展开之后说起。你可知欧洲小国葡萄牙和西班牙曾在地球上画了一条线打算瓜分世界,"风车之国"荷兰曾控制了全球一半的国际贸易,"弹丸之地"日本又是如何革除积弊一步步成为东方帝国?

《这就是历史》中,将15世纪以来,葡萄牙、西班牙、荷兰、英国、法国、德国、日本、俄罗斯、美国的重要发展节点串联成简史,9个世界性大国的历史线又互相交织和推进,由点成线再由线成面地展现全球历史。书中还对政治名词、关键事件、重要人物、历史背景和意义等进行了注释和解读,又添加了国家概况、国家简史以及大国启示等,力求让更多人能更简单地以更高的视角看到更远的世界。

当然,历史是复杂的,想通过这9本小书看透历史是困难的,更遑论看懂世界的兴衰和个体的未来。但正如本书中所讲到的大国,无一例外都会重视年轻人对世界的探索和学习那样,希望《这就是历史》能够为青少年打开一扇远视的窗口,让他们向光生长,在未来的某一天面向世界开花结果,助力中华民族的伟大复兴。

感谢《大国崛起》的原始创作团队,感谢这套小书出版过程中所有人的用心和付出,愿我们汲取的知识,能成为我们的人生和我们的社会走向未来的力量和指示灯。

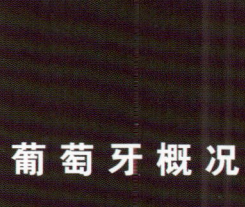

葡萄牙概况

葡萄牙共和国（The Portuguese Republic，简称葡萄牙），位于欧洲西南部的伊比利亚半岛上，国土面积为92226平方千米，比中国浙江省面积小一些，首都是里斯本，西部与南部都与大西洋相接，东部与北部均与西班牙接壤。除了欧洲的本土外，葡萄牙领土还包括大西洋的亚速群岛和马德拉群岛。

自15世纪开始，葡萄牙这个人口、资源和面积都并不出众的国家，却正式拉开了人类世界史的序幕，通过大航海，使相互隔绝的人类联系日益紧密，并在几十年间奇迹般崛起，成为西欧最富有的国家之一。

在欧洲西南角,有一个叫伊比利亚的半岛,是欧洲面向大西洋的窗口。

大约在公元前1000年,伊比利亚人和凯尔特人踏入伊比利亚半岛开始,这片土地就战火不断,腓尼基人、希腊人、迦太基人都先后在这里建立了城市。

公元前201年,罗马人打败了迦太基人,之后的600年间,罗马人一直统治着这片土地。

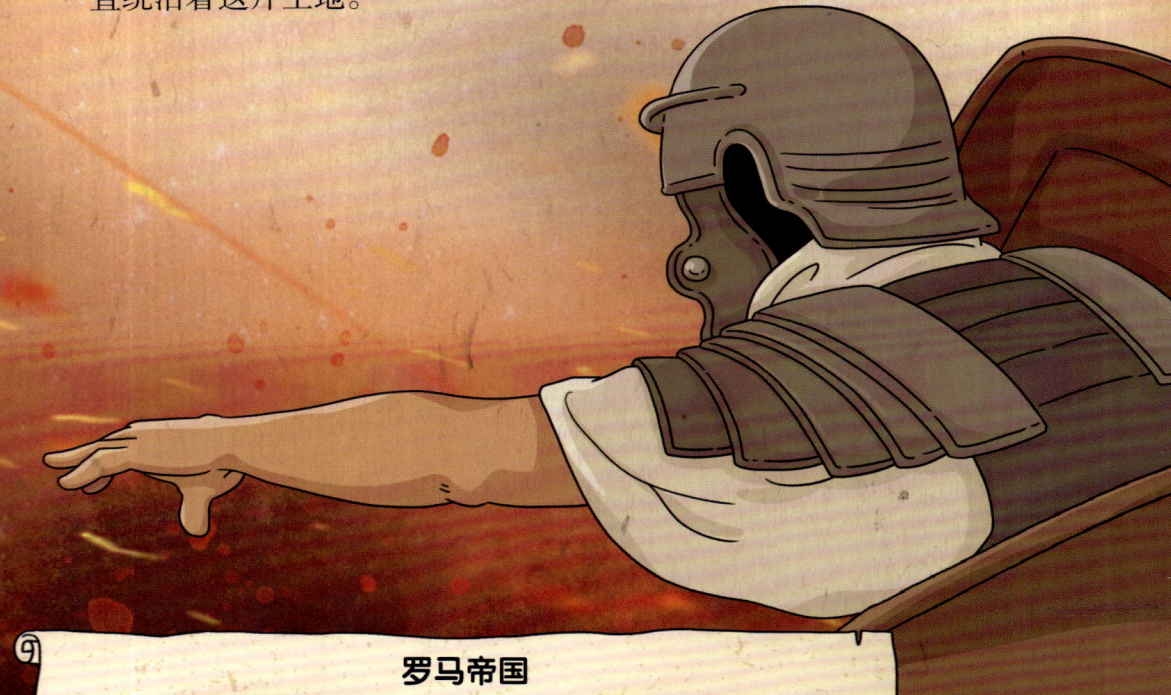

罗马帝国

公元前6世纪,罗马共和国建立。经过数百年的发展,公元前2世纪,罗马共和国成为地中海的霸主。

公元前27年,盖乌斯·屋大维被元老院授予"奥古斯都"称号,建立元首制,罗马共和国进入罗马帝国时代,又经过200多年的征伐,在图拉真掌权时,罗马帝国已经控制了约500万平方千米的土地,地跨亚、欧、非三洲,地中海成为它的内湖,也是世界古代史上国土面积最大的君主制国家之一。

到了公元5世纪初，罗马的军事实力日渐衰弱，日耳曼人入侵了伊比利亚半岛。5世纪后半叶，日耳曼人中的一支——西哥特人掌控了这片土地。

到了公元7世纪末8世纪初，信仰伊斯兰教的阿拉伯人入侵了西哥特王国，结果西哥特王国一触即溃，阿拉伯人统治了伊比利亚半岛的大部分地区。

阿拉伯人的统治为这片土地带来了活力，种植业、畜牧业、采矿业、建筑业等各行各业在此期间都得到了长远的发展。

阿拉伯帝国

在欧洲陷入一片混乱、阿拉伯半岛上也较为涣散的时候，于571年出生的穆罕默德宣称自己是唯一的神——安拉的使者，开始传教活动。这个宗教被称为伊斯兰，意思为顺服安拉；教徒称为穆斯林，即顺服安拉意志的人。他的教诲被记录在他去世后成书的《古兰经》中，《古兰经》不仅为信徒们提供宗教戒律，而且为个人和公众生活提供了明确的规范，因此伊斯兰教既是一种宗教信仰，也是一种社会法规和政治制度。

到632年穆罕默德去世前，已基本统一了部落林立的阿拉伯半岛。穆罕默德去世后，阿拉伯人冲出半岛迅速向四周扩张。至750年第一阶段扩张结束后，阿拉伯已成为一个东起印度河流域、西到大西洋、北至里海、南抵尼罗河，横跨亚、非、欧三大洲的大帝国。

面对阿拉伯人的入侵，基督教徒逐渐撤向了半岛北部的荒凉山区，建立了卡斯提尔王国等几个基督封建王国。

从8世纪开始，卡斯提尔等王国就一直不断地反抗着阿拉伯人的统治，史称"再征服运动"，经过700余年的战斗，终于在1492年又将伊比利亚半岛收复。

再征服运动又称收复失地运动，是西班牙人为了反抗阿拉伯人对于伊比利亚半岛的占领，收复失地的运动。从718年的科法敦加战役开始，到1492年格拉纳达战役结束，共经历了8个世纪。

在"再征服运动"期间,1112年,卡斯提尔王国有一个叫阿方索·恩里克斯的人继承了葡萄牙伯爵的称号,在恩里克斯成年后,因为率兵在奥里克战役中击败了敌人而声名鹊起。

经过长期的斗争,他觉得自己有能力成为一个真正的"王",于是在1143年从卡斯提尔王国独立,建立了独立且统一的葡萄牙王权。

阿方索·恩里克斯(1109年—1185年),葡萄牙独立后的第一个国王。在1095年时,卡斯提尔国王阿方索六世任命勃艮第的亨利为葡萄牙伯爵,管理葡萄牙州,还把私生女特雷莎嫁给他。1112年,亨利去世后,其子阿方索·恩里克斯继承爵位。1128年,时年18岁的阿方索·恩里克斯亲政。1139年7月25日,恩里克斯开始称王,欧洲历史上一个新国家——葡萄牙王国就这样形成了。

　　独立以后的葡萄牙经过数百年的战争与发展，社会矛盾也开始凸显，这时候各个阶层的人目标都开始统一。

·国内民众穷得只能看海发呆，希望国家扩张土地以后进行移民而获得更好的生活条件。

·教士和贵族希望通过扩张追求名誉和财富，而且也便于他们进行基督教的宗教传播。

·商人希望通过扩张来扩大海外商业贸易。

·国王希望通过扩张来提高威望。

众望所归的扩张一事说起来简单，做起来却很难。

陆地被别人占领着，如果要扩张就要发生冲突，为了避免冲突，在1418年，葡萄牙的王子亨利决心大力发展海洋事业，从海上扩张土地。为此，他离开了首都，来到了葡萄牙最南边的沿海小村子——萨格里什。

亨利王子（1394年—1460年）从小学习战略和战术、外交艺术、国家管理、古代和现代的知识，而且博览群书。作为王子，亨利向往历险、战斗的生活。同时，他又是一个虔诚的基督徒，在他看来，对摩尔人进攻，到未知的地域探索并把基督教带到那里是一个基督徒的职责。

最终在他的支持下，葡萄牙船队开始走向殖民之路。

亨利王子觉得航海活动，首先需要人才。

于是他从意大利和热那亚等国招揽了大批了解航海的技术人才为他效力，又通过招贤纳士，网罗了各国的地理学家、地图绘制家、数学家和天文学家共同研究，制订计划、方案，这些人搜罗了几乎当时所有关于地球的资料，包括地理、气象、海流、造船、航海等种种文献资料，加以分析整理，为己所用。

亨利王子认为航海是个长期的事业，也要储备人才。

于是他开办了航海学校，教授航海、天文、地理等知识，培养本国水手，提高他们的航海技艺。他还建立了旅行图书馆，其中就有《马可·波罗游记》，还收集了很多地图，并且绘制新的地图。他资助数学家和手工艺人改进、制作新的航海仪器，如改进从中国传入的指南针、象限仪（一种测量高度，尤其是海拔高度的仪器）、横标仪（一种简易星盘，用来测量纬度）。

《马可·波罗游记》的影响

《马可·波罗游记》是意大利商人马可·波罗记录他经行地中海、欧亚大陆和游历中国的长篇游记。作为一部关于亚洲的游记，它记录了中亚、西亚、东南亚等地区的许多国家的情况。

《马可·波罗游记》中所记载的遍地是黄金、繁荣富裕的东方，激起了欧洲人对东方的热烈向往，对西方探索东方世界产生了巨大的影响。

进口关税是指一国授权的海关,对出入关境的商品所征的税。主要作用是维护国家主权和经济利益、增加国家财政收入、保护本国产业发展和调节对外贸易等。

航海的关键，还是要有船。

于是，亨利王子在拉各斯建立了港口和船厂，还建立了天文台、图书馆用以学习天文、海洋的知识。并采取了许多优惠措施鼓励造船：建造100吨以上船只的人可以从皇家森林免费得到木材，任何其他必要的材料都可以免税进口。在当时货币不足的情况下，免税进口是要付出相当大的代价的。

经过努力，到1440年，葡萄牙终于造出了适宜在大西洋上航行的船舶。它是一种多桅三角帆船，用三角帆的目的是使船舶在逆风的情况下也能行驶，只需要调整帆的角度就可以了，不像以前那么依赖风向。这种船的船体小、吃水浅，轻便灵活速度快，这使它可以在紧靠海岸的地方航行，不必为了躲避暗礁和沙洲而远离海岸，这一点在以探索陌生海岸为目的的航行中尤为重要。

> 最早走上殖民扩张和殖民掠夺道路的国家：首先是葡萄牙和西班牙，接着是英国和法国。

在亨利王子的领导和督促下，葡萄牙的航海事业发展迅速。

当时的国际法规定对领土的划分是强盗逻辑般的"先占原则"，即谁发现谁占有。于是从1420年开始，葡萄牙人通过大西洋到达并占据了马德拉群岛、亚速尔群岛、达佛得角群岛等一系列岛屿，还占据了非洲的一部分土地。他们沿路建立要塞，到亨利王子去世时，被葡萄牙划进地图的非洲西海岸已经达到4000千米。

> 葡萄牙被认为是欧洲最古老的殖民帝国，是历史上第一个全球性帝国，一度企图跟西班牙瓜分世界。

"先占原则"

早期欧洲对于土地的取得有三种方式,第一种是征服,通过击败他国获得土地;第二种是割让,由他国自愿给予土地。第三种是通过"先占原则"得到"无主之地",即谁发现谁占有。这本身就是欧洲人的一种强盗逻辑,因为当地已有居民居住,欧洲人无权排除他们的权利。

1481年时，葡萄牙国王若昂二世登基，在他登基后的几年里奥斯曼帝国突然崛起，阻断了原来西欧通向印度的香料贸易之路。香料对于15世纪的欧洲非常重要，那时候没有冰箱，储存食物几乎完全依赖香料。

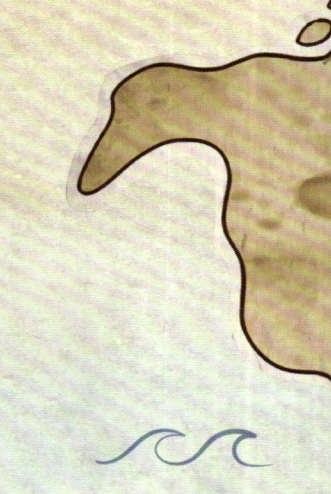

迪亚士（1450年—1500年）全名巴尔托洛梅乌·缪·迪亚士，是葡萄牙贵族和著名航海家。他一生的梦想是去往印度，但即使到死时，也没能到达真正的印度。但是他带领船队航行至非洲大陆最南端并发现好望角，为葡萄牙开辟通往印度的新航线奠定了坚实的基础。

若昂二世决定寻找一条海上的新航路去往印度。1486年，他任命迪亚士带领一支探险队沿非洲大陆海岸航行。经过16个月的航行，迪亚士船队迫于无奈返回了里斯本港，但是这趟航行将航路延伸了1260英里，而他们在途中所遭遇巨大风暴的地方，被命名为"好望角"（英文Cape of Good Hope，意为"美好希望的海角"）。

新航路开辟的意义

新航路的开辟是继中国明朝郑和下西洋之后，航海史上的又一重大事件，它证明了地圆学说的正确性。也为西欧国家的殖民掠夺开辟了道路，有利于欧洲资本主义的发展，对世界走向整体发展起到重要作用。

葡萄牙对于领土的抢占越来越多，这引起了隔壁邻居西班牙（卡斯提尔王国与周边王国融合后形成）的嫉妒，西班牙统治者就找到了当时的教皇帮忙，教皇发出了有名的教皇训谕《划子午线为界》。在训谕里，教皇把大量的土地所有权划给了西班牙，完全不提葡萄牙。

若昂二世直接暴怒，他以战争威胁西班牙，西班牙退缩了。1493年，双方在罗马教皇亚历山大六世的仲裁下进行了谈判，然后在地图上画了一条线，将世界分为东西两半，葡萄牙被赋予了线东土地的殖民垄断权，这就是"教皇子午线"。

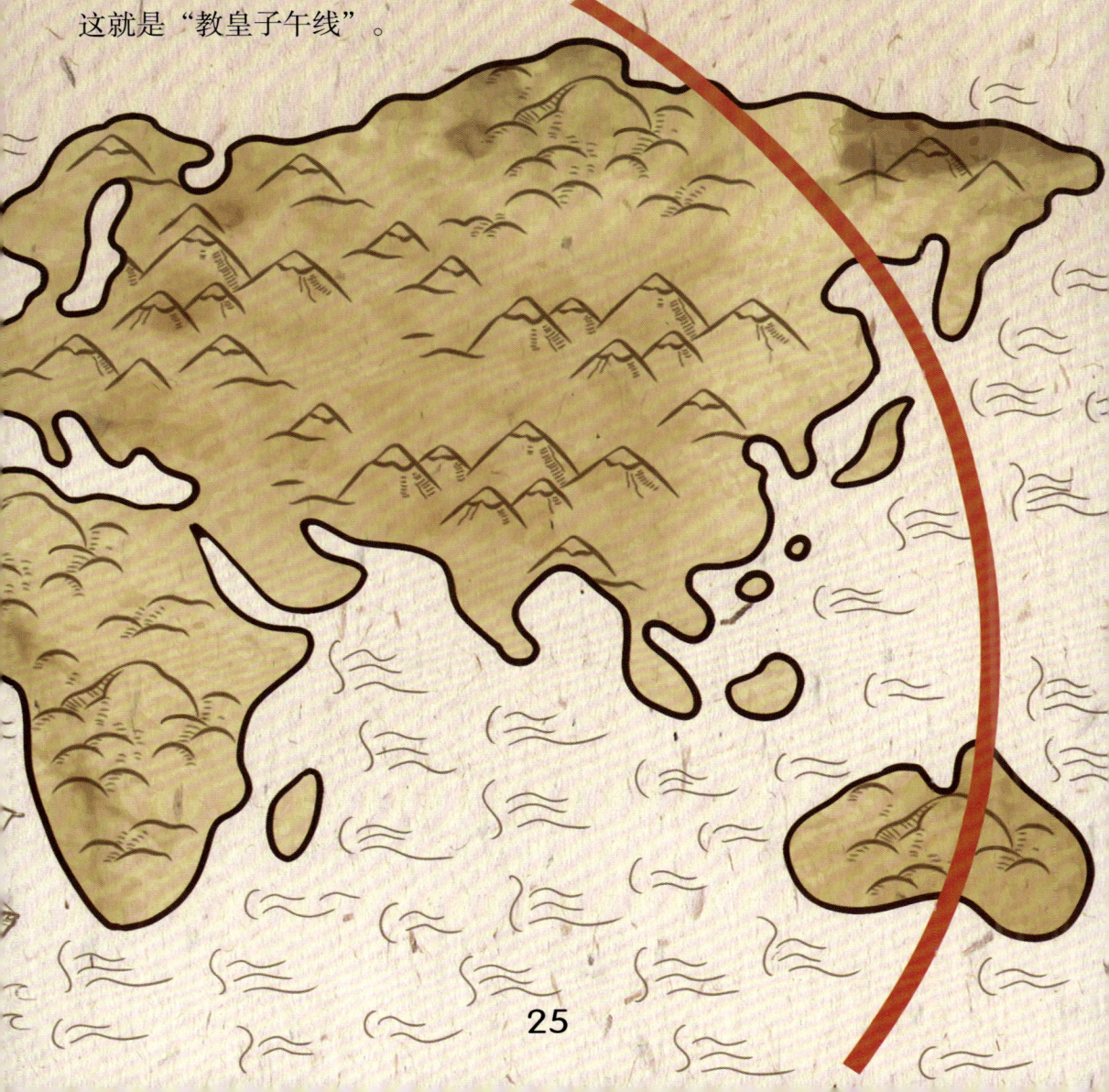

葡萄牙的专属权利有了保障，于是若昂二世要求加快去印度的冒险准备，他任命达·伽马为舰队的指挥官。

1497年7月8日，经过10年的筹备，达·伽马率领探险队伍出发了。他们一路途径莫桑比克、肯尼亚等多个国家，终于在1498年5月20日到达了印度西海岸的卡利卡特。

经过80多年的努力，葡萄牙终于到达了他们梦寐以求的东方。

达·伽马（1460年—1524年）探险时听从迪亚士的建议，采用了船身较圆、更轻便、更牢固的大船，以利于远洋航行。他出发时所率领的探险队大部分是奴隶，其中还有死囚，另外还包括翻译、牧师和军人。他探险的目的是"宣传基督教义"和"取得东方财富"，最终也不辱使命，成为从欧洲绕好望角到印度航海路线的开拓者，所开辟的航路促进了欧、亚商业关系的发展。

达·伽马探险成功后，带着从印度获得的胡椒和肉桂回了国。

他所带的香料的价值相当于他远征总花费的 60 倍，整个葡萄牙都轰动了，这才是欧洲人想象中黄金遍地的地方！

葡萄牙赶紧派出了多支远征队，他们希望征服印度并控制香料贸易。

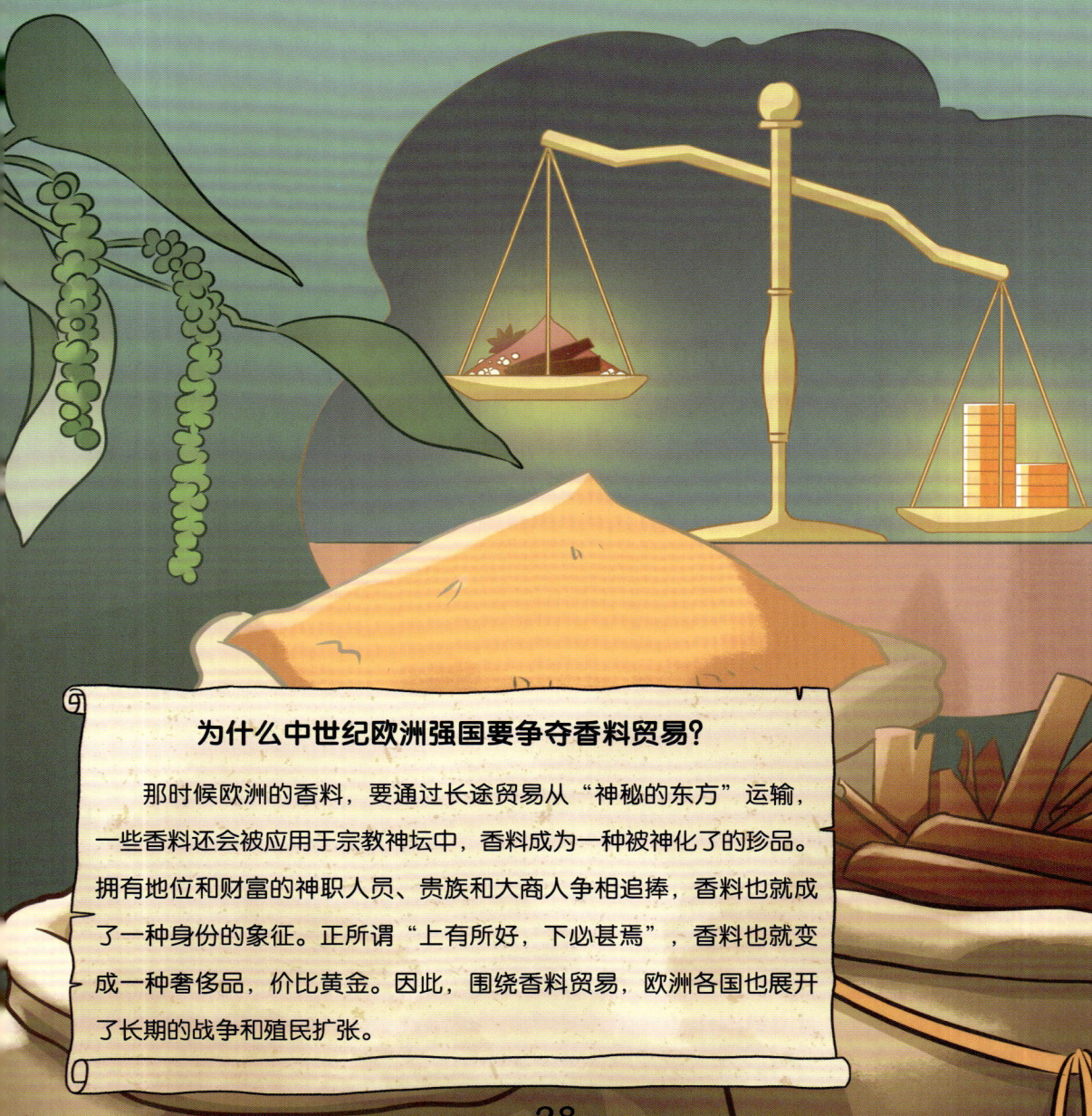

为什么中世纪欧洲强国要争夺香料贸易？

那时候欧洲的香料，要通过长途贸易从"神秘的东方"运输，一些香料还会被应用于宗教神坛中，香料成为一种被神化了的珍品。拥有地位和财富的神职人员、贵族和大商人争相追捧，香料也就成了一种身份的象征。正所谓"上有所好，下必甚焉"，香料也就变成一种奢侈品，价比黄金。因此，围绕香料贸易，欧洲各国也展开了长期的战争和殖民扩张。

葡萄牙人的到来使原本垄断香料贸易的阿拉伯商人感到了威胁，他们联合了印度人组成联合舰队准备赶走葡萄牙人。

结果，在1508年的第乌海战中，葡萄牙人以少胜多，以19艘船、1800多人的兵力打败了阿拉伯人和印度人2000多艘船、20000多人的联合舰队。

第乌海战使葡萄牙人掌握了印度洋的制海权，开始称霸印度洋。

葡萄牙能够以少胜多的原因

联合舰队的失败除了军队训练不足外，一个很重要的原因是内部不和。由于印度人中有人私通葡萄牙，断绝了联军中埃及军队的供应，因此埃及军队愤而离去，导致了联合舰队的分裂。

仅仅是称霸印度洋可不够,葡萄牙又把眼光瞄向了当时东西交通的必经之路——马六甲。

1511年7月24日开始,葡萄牙人组织了两次对马六甲的攻击,最终成功攻占了马六甲。

葡萄牙占领马六甲以后构成的东南亚殖民网络为葡萄牙带来了巨大的经济利益。这一时期成了"葡萄牙历史上最富裕的时期"。

为什么马六甲这么重要?

马六甲(Malakat)的得名源自阿拉伯人,意思是集合各商贾的市场,中国人则叫它满剌加。马六甲具有重要的战略地位,就航海线路而言,马六甲是东西交通的必经之路,拥有马六甲既可以把印度人和阿拉伯人排除出亚欧贸易航线,又可以控制通往南中国海和香料群岛的航线;马六甲还是当时亚洲进行香料贸易的主要贸易中心,方圆数千平方公里以内的商业和贸易活动必须经过它,控制马六甲,就可以牢牢把握东西方贸易的主动权。

葡萄牙人占据马六甲以后，已经离中国很近了，他们自然而然的开始觊觎中国，起初还是与中国规规矩矩地做生意，后来却开始做一些走私等非法事宜，最终中国用武力把葡萄牙人从广东打跑。

葡萄牙人跑到了澳门，1553年—1999年，澳门就一直被当作租借地供葡萄牙人居住。1999年12月20日，中华人民共和国中央人民政府恢复对澳门行使主权。

葡萄牙人为何可以在澳门定居？

一种说法是葡萄牙人借口船舶进水，需要暂借地晾晒货物，向广东海道副使汪柏行贿，获准上岸，后来便有借无还。

另有一种说法是，因澳门海盗很多，广东官员知道葡萄牙人骁勇善战，所以请他们来剿灭海盗，条件便是准许他们在澳门居住，这其实是葡萄牙人自己的看法。

还有一种说法是，明朝自身也需要对外贸易，澳门在当时只是一个偏僻的小岛，远离广州这个中心城市，允许葡萄牙人在这里进行贸易，无关大局，所以葡萄牙人才能在昍政府的默许下在澳门存在。

为什么在巴西生产蔗糖？

在当时的欧洲，糖还是昂贵的奢侈品，只有富人才买得起，而巴西的气候条件特别适宜甘蔗的生长，种植甘蔗榨取蔗糖成了在巴西最有利可图的生意。葡萄牙人殖民后，巴西每年可以产糖 8000 吨到 9000 吨。

葡萄牙人在 1500 年发现巴西，到了 1530 年，正式扩大了在巴西的殖民规模。

他们为了生产欧洲缺乏的糖，种植了大量的甘蔗。从 1530 年安装第一台榨糖机开始到 1600 年，巴西几乎支配了欧洲的蔗糖生产。

葡萄牙在巴西逐步建立起封建主义的殖民统治，设立了都督、总督等一系列官职，用以统辖整个巴西。

到了 16 世纪中叶，葡萄牙建立起人类历史上第一个横跨欧洲、美洲、非洲和亚洲的全球性帝国，从大西洋到印度洋拥有 50 多个据点，垄断着半个地球的航线。

葡萄牙以不到 200 万的人口，垄断了世界上的香料、食糖、黑奴贸易，成为世界性的商业帝国，变得富庶强大。

葡萄牙在全世界大发横财引起了欧洲其他国家的嫉妒。1580年，因为国力衰落以及出现王位继承人危机，西班牙趁机吞并了葡萄牙。直到1640年葡萄牙才摆脱西班牙统治。

从16世纪90年代荷兰对葡萄牙在东方的殖民地进行排挤开始，英国等欧洲其他国家逐渐蚕食了葡萄牙的大多数海外地盘。经过百余年的沉沦，到18世纪初，葡萄牙再也不是一个强国了。

> 1775年，葡萄牙的首都里斯本偏西方不远的大西洋海底发生8.9级大地震，同时引发了海啸、火灾等次生灾害，造成了至少6万人死亡，建筑几乎全部损毁，是人类历史上破坏性最大、死亡人数最多的地震之一。

葡萄牙王国的**庞巴尔侯爵**（本名塞巴斯蒂昂·若泽·德·卡瓦略·梅洛）在主持救灾和灾后重建时，对地震影响情况进行了详细的追问和记录，包括：

地震持续了多久？

地震后出现了多少次余震？

地震如何产生破坏？

动物的表现是否异常？有何异常？

水井内有什么现象发生？

地震为何会产生如此大的破坏力？

这也是欧洲首次对地震进行研究的科学记录，因此庞巴尔侯爵也被认为是现代地震学的先驱。里斯本现在还有多处以他的名字命名的地名，比如**庞巴尔广场**。

葡萄牙以其狭小而贫瘠的国土和百余万的人口，通过海外探险、贸易和殖民的方式迅速崛起，成为横跨欧、美、非、亚的大型帝国，这样的崛起之路必有其独到之处。

1. 统一民族国家的建立。当其他欧洲国家还在以城邦形式运行时，葡萄牙第一个建立了统一和独立的民族国家，一个统一的国家才有意向以及能力去走向强大。

2. 强大的海上实力。对于非洲、美洲和亚洲的征服以及财富掠夺，都需要建立在强大的海上实力基础上。

3. 垄断贸易。葡萄牙以其少量的人口垄断了世界上的香料、食糖、黑奴贸易，从中获得巨量的财富。

而葡萄牙经历短暂崛起后又快速走向衰落，究其核心，也主要源于三点。

1. 人口过少，太过少量的人口无法支撑庞大的殖民统治。
2. 国内享乐之风盛行，巨量的财富让全国上下都失去了进取心，奢靡的生活也浪费了大量财富。
3. 盛世以后的多位国王都太过平庸，无法守住既有的成果。

葡萄牙简史

公元前1000年 伊比利亚人和凯尔特人进入伊比利亚半岛。

公元前201年 罗马人打败迦太基人，之后开始统治这片土地。

5世纪初 日耳曼人进入伊比利亚半岛，其中的一支一支西哥特人掌控了这片土地。

8世纪初 阿拉伯人打败西哥特王国，统治了伊比利亚半岛的大部分地区。

718年 科法敦加战役标志着反抗阿拉伯人统治的再征服运动开始。

1139年 阿方索·恩里克斯称王，使葡萄牙成为独立王国。

1420年 在亨利王子的领导下，葡萄牙的占领区域开始急速扩张。

1488年 迪亚士航行到好望角。

1492年 格拉纳达战役标志着再征服运动结束。

1498年 达·伽马到达了印度西海岸的卡利卡特。

1508年 第乌海战中，葡萄牙舰队打败了印度人和阿拉伯人的联合舰队。

1511年 葡萄牙人攻占马六甲。

1580年 葡萄牙被西班牙吞并。

1640年 葡萄牙摆脱西班牙的统治。

1807年 拿破仑进攻西班牙，占领里斯本，葡萄牙国王若昂六世流亡巴西。

1820年 葡萄牙自由党人革命，次年若昂六世率王室回到葡萄牙。

1910年 葡萄牙人爆发革命，建立第一共和国。

1926年 卡尔莫纳元帅发动军事政变，建立独裁政府。

1974年 康乃馨革命，推翻独裁政府，推行民主。

图书在版编目（CIP）数据

这就是历史. 1，葡萄牙 / 唐晋主编. -- 石家庄：河北科学技术出版社，2023.6
ISBN 978-7-5717-1622-6

Ⅰ．①这… Ⅱ．①唐… Ⅲ．①世界史－青少年读物②葡萄牙－历史－青少年读物 Ⅳ．①K109②K552.09

中国国家版本馆CIP数据核字（2023）第104483号

这就是历史 . 1，葡萄牙
ZHE JIUSHI LISHI 1 PUTAOYA

唐晋 / 主编

责任编辑：	李　虎
责任校对：	徐艳硕
美术编辑：	张　帆
封面设计：	柒拾叁号
出版发行：	河北科学技术出版社
地　　址：	石家庄市友谊北大街330号（邮政编码：050061）
印　　刷：	北京天工印刷有限公司
经　　销：	新华书店
开　　本：	700mm×1000mm　1/16
印　　张：	27
字　　数：	270千字
版　　次：	2023年6月第1版
印　　次：	2023年6月第1次印刷
书　　号：	ISBN 978-7-5717-1622-6
定　　价：	270.00元（全九册）

这就是历史 2

西班牙

唐晋

主编

河北科学技术出版社

西班牙概况

西班牙王国（The Kingdom of Spain，简称西班牙），位于欧洲西南部的伊比利亚半岛上，国土面积为50.6万平方公里，比中国四川省稍大一点儿，首都是马德里，西南部与大西洋相邻，西北部与比斯开湾相接，处于欧洲与非洲的交界处，与葡萄牙、法国、安道尔的领土接壤，与北非的摩洛哥隔海相望。西班牙领土占据了伊比利亚半岛的绝大部分土地，还拥有地中海中的巴利阿里群岛，大西洋的加那利群岛及非洲的休达和梅利利亚。西班牙官方语言为卡斯提尔语（即西班牙语），以天主教为国教。

在现代人类踏上伊比利亚半岛后，数千年间有无数入侵者和殖民者接踵而至，直到公元8世纪，阿拉伯人几乎征服了整个伊比利亚半岛，更是带起了基督徒与穆斯林残酷的战斗，直到1492年西班牙光复运动胜利，西班牙王国建立。

同年，哥伦布扬帆起航，开启了寻找新大陆的征程，西班牙也正式踏出了走向世界的脚步。

从公元 8 世纪阿拉伯人占领伊比利亚半岛开始,伊比利亚半岛的原住民们为了反抗阿拉伯人统治,就发起了"再征服运动"。

在这个过程中,基督徒逐步形成了一些小王国,随着形势的发展,他们逐渐合并,到了 13 世纪,半岛上形成三个较大的国家:卡斯提尔、阿拉贡、葡萄牙。

国家达到一定规模后，互相之间都没有能够确保征服对方的武力，又担心对方来进攻自己，于是，他们就开始用上了欧洲贵族的传统办法——联姻，企求通过王室之间的通婚来拉近两国的关系。

1469年10月19日，卡斯提尔王国的伊莎贝拉和阿拉贡王国的费迪南结婚。

伊莎贝拉女王 一般指伊萨贝拉一世（1451年—1504年）。她在位期间用充沛的精力和极高的才能统一了西班牙，并赞助了哥伦布的航海冒险，从而开启了西班牙的大航海时代，提升了西班牙的影响力。

1474年，伊莎贝拉继承了卡斯提尔王国的王位。1479年，费迪南继承了阿拉贡王国的王位。在夫妻俩的共同治理下，卡斯提尔王国和阿拉贡王国实现了合并，而统治着两个国家的伊莎贝拉女王也成了伊比利亚最有权势的人。

欧洲联姻制度

欧洲在中世纪实行的是分封制度，封建王室对自己的封地中的土地和财产拥有支配权，对实力较强的王国而言，通过联姻争取盟友，打击敌国，既可以维护本国利益，维护和平，也有机会获取其他王室的土地和财产，形成更强大的王国。

有了足够的武力，伊莎贝拉女王开始着手实现夙愿——把阿拉伯人彻底赶出伊比利亚，于是在1482年开始进攻阿拉伯人在伊比利亚的最后一个王国——格拉纳拉。

西班牙在1492年终于攻取了格拉纳达，长达700余年的"再征服运动"取得了最终的胜利，最终实现了国家的统一。

阿拉伯人为何没有将伊比利亚半岛同化？

在阿拉伯军队刚进入伊比利亚半岛时，他们实施了同化当地的政策，战争还未结束时，他们就开始有计划地保护地中海世界的文化典籍，而且对于其统治下的基督教、犹太教信徒也比较宽容，上交少量税款即可保留信仰，而如果改信伊斯兰教则可以免除赋税，所以当时很多伊比利亚人也改信了伊斯兰教，这时候"再征服运动"几乎就是一句口号。

可是这种政策实施没多久，由于阿拉伯人在别的战场的战争支出越来越大，统治半岛的阿拉伯人只好对当地人增加税目，令当地人不堪重负，而且改信伊斯兰教的基督徒们由于文化差异也未能完全融入进去，矛盾一直在不断积累。

矛盾到了一定量级，基督教王国就吹响了反攻的号角，也获得了普通民众的支持，最终把阿拉伯人逐出了伊比利亚半岛。

为什么西班牙和葡萄牙都热衷于开辟新航路?

在西方人看来,东方是极度富裕的,所以他们期待去往东方,新航路的开启就是为了前往东方寻找财富。

国家虽然统一了,但是经过连年的战争,西班牙的国库极度空虚,而当时能赚钱的事儿也不多,香料贸易这样的获利丰厚的生意当然不能放过。

不过这时候的西班牙已经与葡萄牙划定了"教皇子午线",不能向东航行,而从陆地去东方则需要经过阿拉伯人的国家,这也很不方便。

这时候,一个叫哥伦布的人给伊莎贝拉女王提交了向西航行去东方的计划,伊莎贝拉女王虽然觉得不靠谱,但是由于这是西班牙参与香料贸易的唯一路线,而且这次远航的费用需要不高,并且成功的话可以带来不可估量的收益,就决定资助哥伦布的计划,并且签订了《圣塔菲协议》。

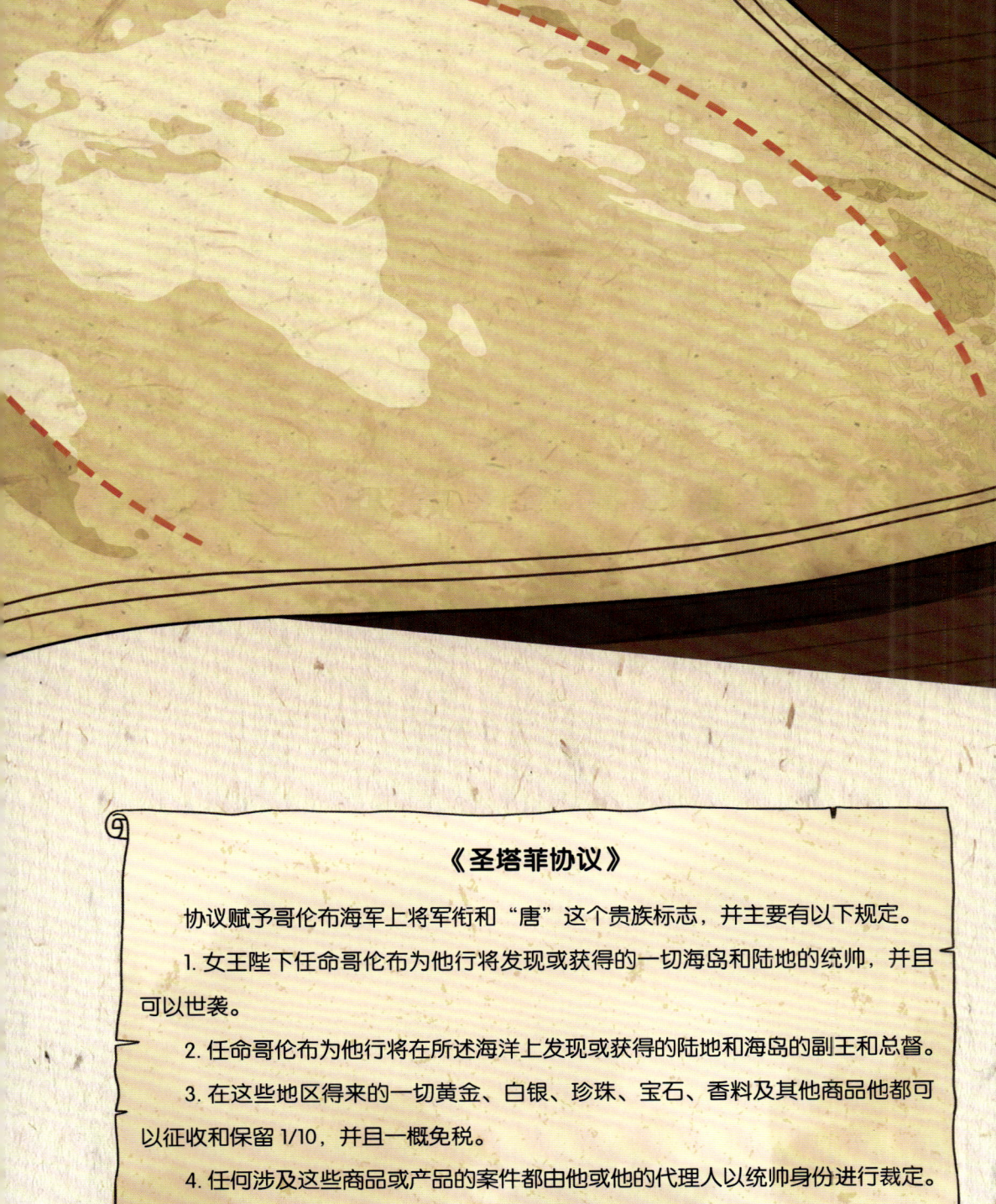

《圣塔菲协议》

协议赋予哥伦布海军上将军衔和"唐"这个贵族标志,并主要有以下规定。

1. 女王陛下任命哥伦布为他行将发现或获得的一切海岛和陆地的统帅,并且可以世袭。

2. 任命哥伦布为他行将在所述海洋上发现或获得的陆地和海岛的副王和总督。

3. 在这些地区得来的一切黄金、白银、珍珠、宝石、香料及其他商品他都可以征收和保留1/10,并且一概免税。

4. 任何涉及这些商品或产品的案件都由他或他的代理人以统帅身份进行裁定。

5. 他被赋予选择权,即对驶往这些新属地的船只是负担其总费用的1/8,或收取其利润的1/8。

1492年8月3日,哥伦布踏上了远航的征途。

最早开辟新航路的国家:葡萄牙和西班牙。

由于担心船员因为航行时间太长而感到害怕,哥伦布写了一真一假两个航海日志,假的日志中缩短了航行距离,给其他人看。即使是这样,航行到了一个多月的时候,船上的食物和淡水都逐渐开始变质,恐慌情绪弥漫整个船队。哥伦布只好不停地劝说,他还用捞起的一些树枝、木板等陆地独有的东西给予船队希望。

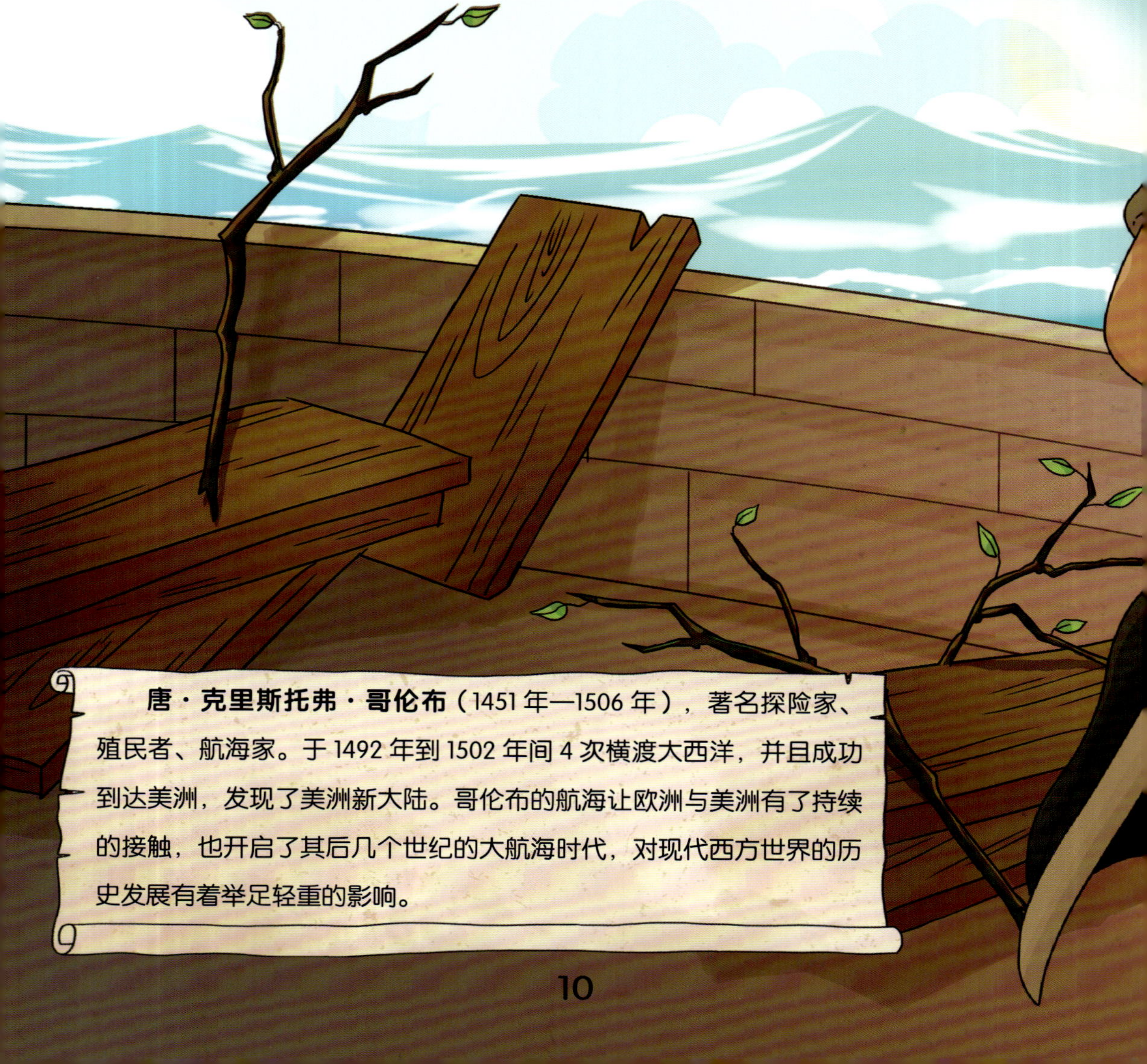

唐·克里斯托弗·哥伦布(1451年—1506年),著名探险家、殖民者、航海家。于1492年到1502年间4次横渡大西洋,并且成功到达美洲,发现了美洲新大陆。哥伦布的航海让欧洲与美洲有了持续的接触,也开启了其后几个世纪的大航海时代,对现代西方世界的历史发展有着举足轻重的影响。

大海上的坏血病

　　由于15世纪食物保存技术较为欠缺，船员长期漂浮于海上，缺乏新鲜蔬菜与水果的摄入，导致人体缺乏维生素C，引起皮下黏膜出血，医学上称为坏血病。

　　坏血病的患者有倦怠感，全身乏力，精神抑郁，虚弱厌食，营养不良，面色苍白，牙龈肿胀、出血，牙齿松动、脱落，肌肉骨骼酸痛等症状，如果无法及时得到救治，也会致人死亡。

10月12日，船队终于发现了陆地，等到上岸以后，很多当地土著围拢着看他们，他们到达的地方是美洲的巴哈马群岛，但是哥伦布以为到达的地方是印度，所以把那些土著叫作印第安人。

然而这个"印度"并不像别人所说的"遍地是黄金"，反而十分荒凉，哥伦布认为是因为他到达了印度的边缘地带的缘故，经过努力探索，也只是发现了古巴和海地以及一些岛屿，只好先回西班牙交差。

为了寻找富饶的印度，哥伦布后来又进行了3次航行，他考察了南美大陆的很多地方，然而还是没什么收获，最后郁郁而终。

印第安人是对除因纽特人外的所有美洲原住民的统称，印第安人广泛分布于南美洲和北美洲各国，由于欧洲人在16世纪对美洲的发现，印第安人被大量奴役以及屠杀。

哥伦布 4 次无功而返后，人人都知道他到达的不是印度了，而麦哲伦确信在美洲大陆南端有一条海峡连接着两边的海洋，可以到达印度。

他把这个计划告知了当时的西班牙国王查理一世，查理一世决定资助他的计划。

为什么欧洲有这么多一世？

欧洲的基督教国家，源于生活习惯，名字重复度很高，这样同一个国家就会出现很多相同名字的国王，就会用"一世、二世、三世……"加以区分。而如果兼任着另一个国家的国王，并在这个国家历史上没有同名的国王，则会以他的名重新开启为"一世"，比如神圣罗马帝国国王查理五世，同时也是西西里国王，被称为卡洛一世，也是那不勒斯国王，被称为卡洛四世。

1519 年 9 月 20 日，麦哲伦率领着 265 人乘坐 5 艘船从西班牙出发了。

由于麦哲伦是一个沉默寡言、刚愎自用的人，他不向船长们解释任何事，只是要求他们听从命令，这样的行为渐渐引起了船长们的不满。

斐迪南·麦哲伦（1480 年—1521 年），著名探险家、航海家、殖民者。麦哲伦通过自己丰富的航海经验，猜测东南亚大海的东边是美洲，并坚定地认为地球是圆的。于是麦哲伦组织了船队，横渡大西洋、穿越美洲、首次横渡了太平洋、抵达亚洲，为后人的航海事业进行了探索。

麦哲伦的船队到达南半球时已经来到了冬天，海上风暴的肆虐和食物的短缺点燃了船长们的火气，他们组织了叛乱。麦哲伦用铁血手腕直接镇压了叛乱，处死了反叛的船长。

在这样的铁血手腕面前，其他船员只能选择听话，最终他们真的找到一条海峡用以安然通过，这条海峡也被命名为"麦哲伦海峡"。

穿过麦哲伦海峡后，欧洲人第一次驶入他们从未涉足过的海域，因为海面总是风平浪静的，麦哲伦给它起了个美好的名字——太平洋（Pacific Ocean，直译为"平和的海洋"）。

太平洋是世界上最大、最深、边缘海和岛屿最多的大洋，南北最长约 15900 千米，东西最宽约 19000 千米，总面积为 181344000 平方千米，平均深度 3957 米，最大深度 11034 米。

麦哲伦海峡处于南美洲大陆南端同火地岛等岛屿之间，海峡峡湾曲折，长 563 千米，最窄处仅有 3.3 千米，最宽处约 32 千米，连通了大西洋南部和太平洋南部。

太平洋太大了，一路的航行消耗掉了船上几乎所有的物资，淡水已经变质，面包上也长满了蛆虫，船上的人一个接一个地死去。

1521年3月6日，在几近绝望之际，他们终于发现了陆地，完成了补给之后他们继续出发，在到达马萨瓦岛时，麦哲伦的奴隶恩里克竟然可以用马来语和岛上的人交流，这说明他回到了马来西亚，由此，麦哲伦证明了地球是圆形的。

发现了新的岛屿后，麦哲伦决定进行殖民活动，然而由于轻敌，他在一场毫无意义的战斗中死去了。

麦哲伦死后，他的船队也决定回国。终于在1522年9月6日，麦哲伦船队回到了西班牙。

哥伦布与麦哲伦的航行都发现了大量的土地,西班牙也就此开始了他们的殖民征服之路。

哥伦布第一次远航发现的群岛被称为西印度群岛。为了对西印度群岛进行殖民,第二次哥伦布远航时已经带上了技术工匠、士兵、律师、商人、传教士等人员。

他们到达海地后建立了伊莎贝拉城,成为西班牙在西印度群岛的第一个殖民统治机构。自此以后,他们以海地为基地,四处扩散殖民地,陆续在波多黎各、牙买加、古巴都建立了殖民统治,在1514年圣地亚哥城建立后,西印度群岛基本被全面侵占为西班牙的殖民地。

为什么印第安人见到骑兵会害怕？

美洲本土曾经也有马，只是在大约 12000 年前灭绝，在哥伦布与瓜蒂瓜那部落的战斗中，哥伦布首次使用了骑兵，而印第安人完全没有见过马，这令印第安人惊恐万状，以为骑兵是可以一分为二的两个头的怪物，所以很快就被击败了。

西班牙殖民者在西印度群岛稳定下来之后，就继续向美洲扩张。

西班牙首先盯上的就是墨西哥，而征服墨西哥的战争总共打了两次。第一次是在1519年，西班牙组织了不足千人的兵力准备进攻墨西哥，当时的墨西哥领土是阿兹特克王国在统治，人口在200万到400万之间，而阿兹特克国王蒙特马苏二世在知道西班牙人要进攻他的国家之时，选择了投降，还打开了自己的宝藏贡献给西班牙人，这就是著名的"蒙特马苏宝藏"。

但是由于西班牙在统治时滥杀无辜，激起了当地人民的反抗，最终在人数劣势面前只能选择逃跑。

西班牙人不甘心失败，于是在 1520 年对墨西哥发起了第二次进攻。

这次他们吸取了上次失败的教训，充分运用了印第安人和王室之间的矛盾，在进攻阿兹特克首都时，印第安人提供了 80 倍于西班牙远征队的兵力支持和后勤支援，最终在 1521 年攻破了阿兹特克的首都，西班牙人把这座城市重建，并改名为"墨西哥城"，也就是现在墨西哥的首都。

印第安人为什么要帮西班牙？

其一是因为蒙特马苏对很多印第安部落都进行了暴力征服，征服后也进行了很残酷的统治，所以很多部落都对蒙特马苏的统治不满。

其二是因为印地安预言中有一位白皮肤神明名叫克扎尔科亚特尔，印第安很多部落认为西班牙派来的总督克尔特斯是传说中的英雄之神克扎尔科亚特尔，所以也愿意帮助他对抗蒙特马苏。

墨西哥被征服后，西班牙盯上了秘鲁。

1531年初，西班牙组织了180人和27匹马的远征队向秘鲁进发，此时的秘鲁在印加帝国的统治下，社会秩序一片混乱。

1532年，西班牙人几乎没遭到任何抵抗就来到了印加国王面前，他们欺骗印加国王来面谈，然后活捉了印加国王。西班牙人在向印加帝国勒索了大量赎金以后杀害了印加国王，印加帝国一下子陷入了群龙无首的内乱之中，西班牙人趁机建立了殖民政府，到了1535年，秘鲁全境基本被征服。

180人为何就能征服上千万人的印加帝国（秘鲁）？

1531年，西班牙人派出180人、62匹马和8门火炮从巴拿马出发，一年后到达秘鲁海岸。西班牙人请求印加帝国皇帝阿塔瓦尔帕来谈判，阿塔瓦尔帕觉得西班牙人总共不到200人，还一副疲惫不堪的样子，就带领8000士兵去赴约了。结果西班牙人抓住了阿塔瓦尔帕，然后命令西班牙士兵用火枪和火炮攻击印加皇帝的卫队，放完枪，骑兵紧跟着发起了冲锋，印加皇帝的卫队没见过枪炮，也没见过马，就害怕地逃走了。

成功征服秘鲁让西班牙国王内心膨胀至极,他期望让太平洋成为"西班牙的内湖"。

1564年,西班牙派出舰队去征服位于亚洲的菲律宾群岛,他们总是先试着用怀柔政策骗取岛屿首领的信任,如果没成功,则会毫不犹豫地使用血腥手段,由于菲律宾没有统一的调度,西班牙对菲律宾的征服进行得非常顺利。

到1571年,西班牙人已经占领了宿务、班乃、吕宋等岛屿,菲律宾也沦为了西班牙的殖民地。

西班牙在征服世界的过程中花费了很多精力，征服成功后就要开始攫取利益，攫取利益的方式主要有四种。

1. 奴役印第安人进行采矿、种粮等生产活动，导致在整个殖民时期，仅仅在矿山中死亡的印第安人就高达808万。

2. 直接掠夺当地金银，据估计，在西班牙入侵拉丁美洲的300年中，共运走黄金250万千克，白银1亿千克。

3. 由于美洲大陆气候温暖、土地肥沃，西班牙强迫印第安人种植了大量的甘蔗、烟草、咖啡、可可等欧洲所需的作物，借此获取大量利益。

4. 垄断贸易。西班牙政府规定殖民地只许和宗主国贸易，令西班牙掌握了殖民地出产货物的垄断权和定价权。

殖民活动为西班牙带来了巨量利益,这让当时的西班牙国王查理五世变得极度膨胀,他期望统一整个欧洲。

1494年爆发的意大利内战刚好给了西班牙可趁之机。当时的意大利内战两方分别借助那不勒斯王国和法国,法国介入意大利内战后,西班牙也随即介入,将法国赶出了意大利。

法国无力单独面对体量庞大的西班牙,在经历多次失败的战争后,法国选择了和土耳其联合对抗西班牙,只是在这场长达65年的战争中,谁也无法完全击败对方,以在1559年签订《卡托—康布雷西和约》告终,这也标志着查理五世统一欧洲的愿望化为泡影。

宗教改革的意义

宗教改革打破了天主教在西欧的垄断性,使人的思想进一步摆脱了天主教会的精神桎梏,最终路德教、加尔文教形成了与天主教、东正教并列的基督教第三大支派——新教。宗教改革也令天主教会丧失大量地产,加速了封建土地所有制的瓦解。

除了意大利战争外,查理五世还有一件烦心事,那就是宗教改革。

此时的教会日益腐化,疯狂掠夺德意志的财富,而马丁·路德不愿与教会同流合污,选择成立了新教,带领新教教众进行宗教改革。自诩为天主教正统的查理五世自然无法容忍宗教改革,便与天主教保守派势力一同对抗新教。

1550年,查理五世颁布《血腥诏令》宣布镇压新教,恢复旧教的统治。而这个抬高世俗皇权的诏令让教皇感到了不安,最终教皇与新教势力结盟共同击败了查理五世,这也导致查理梦寐以求的宗教统一化为乌有。

正当查理五世为欧洲的事焦头烂额时,信仰伊斯兰教的奥斯曼土耳其帝国又在欧洲东部方向威胁着欧洲诸国。

当时的奥斯曼土耳其帝国正是国力强盛之际,横跨亚、非、欧,是当时世界上最强大的国家之一。查理五世连血脉相通的新教都要镇压,当然无法接受异教徒的入侵,于是派出了军队,结果在1526年被土耳其军队在莫哈奇击败。

随后几十年西班牙又与土耳其进行了多次战争,虽互有胜败,也未能完全战胜对方。

通货膨胀是指在信用货币制度下，流通中的货币数量超过经济实际需要而引起的货币贬值和物价水平全面持续上涨的现象。通货就是指流通中的货币，膨胀就是说发多了。简单来理解就是市面上的钱多了，东西就变贵了。

多年的战争让西班牙开始走向下坡路，而最终走向衰败的原因，究其根本源于四点。

1. 金银的大量输入带来严重的通货膨胀，导致国内工商业下落。

2. 国内贵族和富人拥有财富后极重奢靡之风，导致财富大量流失。

3. 与法国的战争、与新教徒的战争、与土耳其的战争等对外战争需要巨量军费，军费开支耗空了财富，致使西班牙政府八次破产。

4. 欧洲其他国家看到西班牙通过殖民地获得财富后，千方百计地与西班牙竞争，导致西班牙的殖民地也岌岌可危。

为什么西班牙的国家政府也会破产？

破产是指债务人的全部资产不足以偿还到期债务的情况。同样，当一个国家政府为了战争或其他目的，向金融机构或其他国家借贷了大量债务，又无力偿还，就会宣布政府破产。政府破产不会像企业破产那样面临重组、清算或出售。西班牙政府宣布破产的意思是，政府所欠的外债赖掉不还了。现代的国家破产，还可以通过向其他国家或国际组织求助或借贷的方式来解决。

　　1700 年，由于西班牙国王查理二世的死亡，西班牙国内发生了旷日持久的西班牙王位继承战争。

　　战争后，西班牙伊比利亚半岛以外的领土丧失殆尽，国家迅速衰落，到了 1826 年，除古巴外，各殖民地先后独立，西班牙的盛世宣告结束，至今也没有再恢复往日荣光。

大国启示

西班牙的成功主要源于对世界的探索比其他国家先行一步，由于对财富的渴望，发现了通往东方的航道，展开了东西方之间的贸易。再加上在对殖民地的统治期间直接掠夺了大量金银，就此积累了巨额财富。

抛开殖民性质不谈，葡萄牙和西班牙拉开了地理大发现的序幕，改善了人类的认识结构，加速了人类文明的进程，使本来偏安一隅的世界各地有了联系，并且令世界的重心逐步由东方转移到西方。又由于更为先进的生产力，在东西方的对抗中逐步占据了优势，并最终走向世界霸权。

相对于无法复制的西班牙崛起经验，西班牙快速衰退的失败教训更应引起我们的注意。通过掠夺获取的巨额财富成了阻碍国家发展的拦路虎，由于财富获取得太过容易，西班牙的财富只用于消耗与享受，而未投入生产，且由于西班牙国王盲目追求自身无法达到的高度，妄想统一欧洲，最终耗干了国力，只能走向衰败。

西班牙简史

1492 年 "光复运动"胜利后,建立统一的西班牙封建王朝。
哥伦布抵达西印度群岛发现新大陆。

1516 年 查理一世继西班牙王位,1519 年又继承神圣罗马帝国的王位,称查理五世。

1581 年 尼德兰革命爆发。

1588 年 "无敌舰队"远征英国,结果在英吉利海峡遭到惨败。

1701 年 发生争夺王位继承权的战争。

1714 年 战争结束,法国路易十四之孙腓力五世被承认为西班牙匡王,从此在西班牙建立起波旁王朝的统治。

1814 年 国王斐迪南七世复辟,废除 1812 年宪法,导致自由主义和保守主义之间的长期斗争。

1833 年 斐迪南七世去世后,王室发生内战(卡洛斯战争)。

1868 年 9 月爆发革命,女王伊莎贝拉二世逃往法国。

1873 年 建立第一共和国。

1931 年 建立第二共和国。

1936 年—1939 年 爆发内战。

1947 年 佛朗哥宣布西为君主国,自任终身国家元首。

1975 年 佛朗哥病逝,胡安·卡洛斯一世国王登基,成立君主立宪制国家。

1976 年 国王任命苏亚雷斯为首相,西班牙开始向西方议会民主政治过渡。

1978 年 宣布实行君主立宪议会制。

1982 年 西班牙工人社会党在大选中获胜执政。

1986 年 西班牙正式加入欧洲经济共同体,是欧盟成员之一。

1998 年 成为首批进入欧元区的国家之一。

2014 年 胡安·卡洛斯国王退位,其子费利佩六世登基。

图书在版编目（CIP）数据

这就是历史. 2，西班牙 / 唐晋主编. -- 石家庄：河北科学技术出版社，2023.6
ISBN 978-7-5717-1622-6

Ⅰ．①这… Ⅱ．①唐… Ⅲ．①世界史－青少年读物②西班牙－历史－青少年读物 Ⅳ．①K109②K551.09

中国国家版本馆CIP数据核字(2023)第104470号

这就是历史 . 2，西班牙
ZHE JIUSHI LISHI 2 XIBANYA
唐晋 / 主编

| 责任编辑：李 虎 |
| 责任校对：徐艳硕 |
| 美术编辑：张 帆 |
| 封面设计：柒拾叁号 |
| 出版发行：河北科学技术出版社 |
| 地　　址：石家庄市友谊北大街330号（邮政编码：050061） |
| 印　　刷：北京天工印刷有限公司 |
| 经　　销：新华书店 |
| 开　　本：700mm×1000mm　1/16 |
| 印　　张：27 |
| 字　　数：270 千字 |
| 版　　次：2023 年 6 月第 1 版 |
| 印　　次：2023 年 6 月第 1 次印刷 |
| 书　　号：ISBN 978-7-5717-1622-6 |
| 定　　价：270.00 元（全九册） |

这就是历史 ③

荷兰

唐晋
主编

河北科学技术出版社

荷兰概况

荷兰王国（The Kingdom of the Netherlands，正式名称应该为尼德兰王国，但因为历史原因，中文语境中依然习惯称之为荷兰），位于欧洲西偏北部，国土面积为41528平方公里，比中国台湾省面积稍大，首都是阿姆斯特丹。东面与德国接壤，南与比利时为邻，西、北相邻北海。海拔最高321米，最低为海平面以下6.7米，全国有24%的国土低于海平面。官方语言为荷兰语。

荷兰是高度发达的资本主义国家，在从西班牙独立后，到17世纪，充分发挥自身优势，吸各家所长，最终以200万人的人口数成为世界海上霸主。

公元5世纪末，法兰克人在欧洲建立了法兰克王国，法兰克王国统治的中心是尼德兰。尼德兰这个名称在日耳曼语中的本意是"低地之国"，这是由于尼德兰地区有一半以上低于或几乎水平于海平面而得名。

法兰克王国经过200余年的发展后内部发生了分裂，而尼德兰地区由于欧洲王室复杂的联姻制度，在1516年成为西班牙的属地。

尼德兰成为西班牙属地

在欧洲传统联姻中，一个人是可以成为多个国家的国王的，王国也可以作为彩礼或陪嫁给予别的家族。在法兰克王国解体后，尼德兰大部隶属于路易的东法兰克王国。11世纪后，尼德兰地区分裂成为许多狭小的领地。13世纪，这个地区共有4个公爵领地，6个伯爵领地，其他几个主教领地。到15世纪，尼德兰归属勃艮第公国。

勃艮第公爵"大胆查理"的女儿玛丽同哈布斯堡王朝的马克西米利安结婚。1477年，"大胆查理"去世，因无子，勃艮第公国由女婿德国皇帝马克西米利安一世继承统治，因此尼德兰就变成哈布斯堡家族的领地。1516年，16岁的查理一世继承西班牙王位。查理一世从父亲那里继承了哈布斯堡的遗产，尼德兰就成了西班牙的属地。

到了 16 世纪中期，尼德兰已经依靠纺织业和渔业成为此时欧洲经济最发达的地区之一。此时，欧洲的宗教改革波及到了尼德兰，威廉·奥兰治率领一部分贵族成立了"贵族同盟"，开始趁乱夺取天主教会的土地和财富。

西班牙这时正处于争霸时期，非常缺钱。面对尼德兰这样一个富裕且不听话的地区，西班牙一方面进行血腥镇压，压制一切自由思想；一方面通过增税、禁止自由贸易等手段进行经济榨取。

贵族同盟

伴随资本主义经济的发展，原来占统治地位的封建主发生分化，分化出一部分商人、包买商、手工工场主、农场主。他们从事资本主义经营，构成了城乡资产阶级，其中商业资产阶级比工业资产阶级强大。为了自由地发展资本主义经济，他们要求推翻西班牙的专制统治，建立独立的民族国家。而宗教改革波及到尼德兰时，贵族们就想仿效德国路德教诸侯，夺取天主教会的土地和财富，加强自己的经济地位。最终在尼德兰贵族中分化出来的以奥伦治亲王威廉为首的反对派，他们成立了自己的政治组织，名叫"贵族同盟"。

威廉·奥兰治（1533 年—1584 年），是尼德兰革命中的伟大政治家，荷兰国家首任执政，荷兰国父。

面对西班牙的残暴压迫，"贵族同盟"在1566年4月5日向西班牙统治者提交了请愿书，希望西班牙停止对尼德兰的压榨，结果被西班牙拒绝。

文明的请愿被拒绝后，"贵族同盟"只好率领尼德兰人民使用武力。1566年8月，尼德兰的弗兰德尔地区发生群众起义，他们捣毁了天主教会的圣像、十字架、祭器等工具，没收了教会财产，焚烧了教会债券和地契，史称"破坏圣像运动"。这次运动迅速引起了西兰、荷兰等12个省区的响应，1568年发展成了尼德兰人民争取独立的"八十年战争"。

破坏圣像运动

民众手持武器冲进教堂等地将圣像之类的宗教物品摧毁,被称为"破坏圣像运动"。历史上有两次破坏圣像运动,第一次发生在8—9世纪时期的拜占庭帝国。第二次则是尼德兰手工业者、平民和农民发起的对于天主教及西班牙统治进行斗争的人民运动。

面对尼德兰的混乱局势，西班牙决定进行更血腥的镇压，他们抓捕并杀害了数万人。

西班牙的暴戾统治不仅没有让尼德兰人屈服，还让尼德兰人更加团结。1572年4月1日，尼德兰人攻占了西兰岛的布里尔城，7月，他们在荷兰省召开了议会，推举威廉·奥兰治为荷兰、泽兰二省的"最高统治者"。

1581年，尼德兰北方七省为了与西班牙统治者进行斗争，决定脱离西班牙并独立。

专门为威廉·奥兰治写成的歌曲《威廉颂》是荷兰国歌，也是世界上最古老的国歌。

西班牙当然无法容忍尼德兰这块"肥肉"独立，于是派出大量军队进攻刚刚独立的尼德兰。尼德兰虽然一直在顽强抵抗，但是面对西班牙强大的武力，领土也在逐步丧失。

直到1588年，西班牙无敌舰队被英国人击败，西班牙再也无力干涉尼德兰了。

也就在这年，尼德兰北方七省宣布成立尼德兰联省共和国，因荷兰省面积最大，经济也最发达，所以很长一段时间内被其他国家的人称为荷兰共和国。

> **尼德兰革命**是一次以争取民族独立为形式的资产阶级革命，也是世界历史上第一次成功的资产阶级革命。

荷兰为什么要求改名尼德兰？

2019年末，荷兰政府要求各国在2020年开始，称呼荷兰为"尼德兰"，这让各国民众都感觉好奇，并引发热议。实际上，尼德兰才是荷兰的本名，现代荷兰诞生于尼德兰连省共和国，而只是由于荷兰省经济发达，对外交流时都说自己是荷兰人，荷兰的高存在感让各国都记住了荷兰的名字，而非尼德兰的名字，最终荷兰也就成为尼德兰共和国的代称，尼德兰王国在之前也只好默认了这个行为。

独立后的荷兰

独立后的荷兰的政体是共和制。最高权力机关是联省议会，设在海牙，其成员由各省议会选出的40名代表组成，有立法、决定赋税、宣战、媾和与处理重要国务的权力。各省无论代表人数的多少都只有一票表决权，对重要问题的决议必须一致通过才有效，有意见分歧由执政协调。地方权力机关有省议会和市议会。各省在处理本省内部事务时，享有广泛的自治权，联省议会的常设行政机关是国务会议。国务会议由12名委员组成，职能包括军事和财政，根据各省纳税数量的多少决定委员的人数。因荷兰省和西兰省纳税最多，故出5名委员，他们实际左右了国务会议。国务会议的首脑称执政，掌有最高行政权和军权。根据规定，如果联省议会代表对重要国务问题有意见分歧，由执政进行协调，或行使最高职权进行最后仲裁。

由于葡萄牙和西班牙对于世界的探索，此时欧洲和世界各地区的联系愈发紧密，欧洲市场需要世界各地的金银、蔗糖、烟草、丝绸织品、香料、棉花、茶叶等货品，而世界又需要欧洲的奢侈品、武器以及各种手工制品。

　　荷兰在独立之初正好遇上这样极佳的商业环境，面对航运业和商业的空前繁荣，把发展世界贸易作为基本国策。

　　荷兰刚好位于大西洋沿岸，处于北海、波罗的海至地中海的商业要道上，基于国情制定出了三项国家发展政策。

　　一是专注于贸易发展，大力发展海运业，与世界各地进行贸易往来。

　　二是实行宽容、和解、"自由"的政策吸引大量移民，不同信仰、不同国家的人都可以来荷兰定居，这为荷兰带来了大量的富商、技术工人、银行家等人员。

　　三是积极推进技术发展，为造船业研制新技术，这导致在17世纪时，荷兰商船数目超过欧洲所有国家商船数目总和，被誉为"海上马车夫"。

荷兰造船有多厉害？

荷兰造船业久负盛名，许多国家向荷兰订购各种类型的船只，俄国的彼得大帝曾两次到荷兰学习造船技术，并聘请一批造船师为俄国建立一支舰队。荷兰的船只卖给欧洲很多国家，直到17世纪末英国船只中还有1/4是荷兰建造的。随着大规模世界贸易的展开、保险业的兴起，荷兰造船厂设计了一种船身宽、船底平、货舱空间大的三桅船只，它装载量大、易于操纵，可以减少船员人数以降低运输费用。这种商船，体长快捷，代表着海上运输的一项重大技术进步。与此同时，荷兰还制造了一种坚固、适合远航的船，这种船的船尾设炮座平台，可架大炮，这种武装商船可以有效地对付海盗。荷兰造船厂高度机械化，几乎一天就能生产一艘船，这在那时是很了不起的。

凭借繁荣的经济,荷兰人开始了最早的银行制度。

1609年,荷兰设立了受政府控制的阿姆斯特丹银行,这个银行经营一般银行业务,以政府信用作为银行存款的保证,这使该银行在18世纪频发的财政危机中成为最有价值的机构。在多雷赫特、米德尔堡、鹿特丹陆续建立了类似的机构之后,荷兰成为欧洲汇兑业务的中心。

发展世界贸易是荷兰的国策,而其中与欧洲贸易密切的东南亚已经被葡萄牙和西班牙所控制,荷兰为了与葡、西两国竞争,以国家资本为起始资金,投资巨量财富成立了"尼德兰联合东印度公司",并给予了该公司开战、议和、建立殖民地、夺取外国船只、建立城堡及铸造货币等权利。

荷兰东印度公司凭借雄厚的资本及国家赋予的特权,再加上其强大的海上航运能力,迅速崛起,成为可以与葡、西商人竞争的庞大势力。

荷兰东印度公司

1602年3月20日在荷兰建立,于1799年解散。总部设在荷兰阿姆斯特丹。

在荷兰东印度公司成立到解散的将近200年间,总共向海外派出1772艘船,约运送了100万人次的欧洲人前往亚洲,平均每个海外据点有25000名员工,12000名船员。这是世界上第一家特大跨国公司,在世界贸易中有重要影响力。

荷兰东印度公司首先把目标选在印度尼西亚。

印度尼西亚是个多民族国家，当时正处于分裂状态，荷兰人到来时，印度尼西亚已经被葡萄牙所控制，但是16世纪的葡萄牙日渐衰落，荷兰人趁机多次发动战争，把葡萄牙人的势力排挤出印度尼西亚。

从1603年荷兰人在爪哇岛建立商站开始，随后征服了雅加达、望加锡苏丹国、万丹、摩鹿加群岛等地区，对印度尼西亚进行了长达300余年的殖民统治。

荷兰在印度尼西亚立足之后,触手逐步开始伸向亚洲其他地方。

当时东南亚地区主要被葡萄牙的势力所占据,荷兰想在亚洲分一杯羹并不是一件容易事儿,他们需要继续清除葡萄牙在亚洲的势力。

这时穆斯林来帮了荷兰的忙,穆斯林与荷兰建立联盟共同反对葡萄牙,并帮助荷兰在印度西东沿海建立了多个贸易站,从这些商站输出印度生产的生丝、纺织品、硝石、大米等货品。

17世纪上半叶,荷兰凭借更多的财富与武力逐步瓦解了葡萄牙在东方的殖民体系。

1636年—1645年,荷兰封锁果阿9年,有力地限制了葡萄牙在印度的活动。

1658年,荷兰夺取了葡萄牙在锡兰的殖民地。

1663年,荷兰夺取了印度南端西海岸的柯钦,至此,荷兰东印度公司控制了菲律宾以西的印度洋区域内的大部分贸易。

在控制了亚洲与欧洲的大多数贸易后,荷兰东印度公司实行了贸易垄断策略,他们不准岛屿之间自由买卖,宣称"世界上任何其他种族均不得到这里来",独占了香料等产品的收购权和专卖权。

> **垄断**原意是站在高处操纵交易,后泛指独占。在经济学中,垄断指一个或少数大企业联合起来,对某些商品的产销和价格进行操纵的行为。

凭借贸易垄断,荷兰东印度公司以极低的价格强制购买统治区的产物,还要征收市税、酒税、人头税等苛捐杂税。

在1602年到1782年期间，荷兰东印度公司分给股东的红利总共为23200万荷兰盾，是最初股金的36倍，巨量的财富让荷兰成为当时世界上最富有的国家之一。

荷兰盾是荷兰王国的货币名称，由荷兰银行发行，17—18世纪的23200万荷兰盾大约相当于现在650亿人民币。2002年01月28日起，荷兰本国货币荷兰盾全面停止使用。纸币和硬币都被欧元所取代。

荷兰东印度公司在东方世界获利后，自然也不愿意放弃西方世界。1621年，荷兰西印度公司成立，公司的目标是西班牙、葡萄牙在美洲尚未牢固占领的殖民地，并同英、法等国争夺殖民地。

与殖民亚洲较为顺利的经过不同，在美洲经过数十年的争斗，也没有对美洲形成像亚洲一样的贸易垄断，只是建立了海角、新尼德兰等少数殖民地，虽然地域不多，但是凭借资金与商船，到18世纪初也占据了世界奴隶贸易额的一半以上。

荷兰对殖民地的掠夺极其残酷，马克思说："荷兰——它是17世纪标准的资本主义国家——经营殖民地的历史展示出一幅背信弃义、贿赂、残杀和卑鄙行为的绝妙图画。"

到了17世纪中叶，荷兰在航海业和世界贸易方面达到顶峰，通过商业贸易，荷兰确立了海上霸主的地位。

此时，荷兰东印度公司已经拥有15000多个分支机构，贸易额占到当时全世界总贸易额的一半。荷兰人造出来的商船大，运费低，大多数商人都雇佣荷兰的商船转运商品，当时全世界共有2万多艘商船，荷兰就拥有16000多艘，商船总吨位数相当于英国、法国、葡萄牙、西班牙4国商船吨位数之和，荷兰的商船几乎走遍了世界，他们也被人们称为"海上马车夫"。

郁金香泡沫

17世纪发生在荷兰的"郁金香泡沫"，也是历史上有记载的第一次金融泡沫。当时因为金融贸易，荷兰人积累了大量的财富，人们开始追逐奢华的生活。在这个过程中，美丽而稀少的郁金香逐渐被视为荣耀与财富的象征，受到权贵阶层的青睐。渐渐的，这种狂热成为一种流行趋势，从普通民众到达官显贵，都参与到郁金香的买卖中来，使得在长达30余年的时间里，郁金香的价格一路狂升，最后形成一种近乎病态的风气，不少人会用全部身家来囤积郁金香，因为他们相信总会有人愿意用更高的价格将手里的郁金香买走。

后来，荷兰全国上下各个阶层都加入了郁金香的投机中，每个人都沉浸在发财的美梦中，大量的投机商和国外资本也参与了进来，这也使得郁金香的价格进一步飙升，一株郁金香可以顶一辆马车甚至一栋豪宅。

直到1637年2月4日，某个人突然开始清仓手里的郁金香，就像达到了一个临界点，引发了恐慌的连锁效应，人们开始争相抛售，郁金香的价格瞬间崩盘。最后荷兰政府出面，也难以挽救崩溃，不少人因此倾家荡产，一夜之间由富翁变得一贫如洗。这也给荷兰的金融业带来了巨大的打击。

为了保护庞大的商船队进行垄断性的世界贸易，控制世界各海域，荷兰对于曾经的霸主，如今日益衰落的葡萄牙、西班牙势力进行了长期的排挤。

在亚洲，葡萄牙的势力几乎被连根拔起。

在海上，荷兰的船队与西班牙的船队多次发生冲突，1639年，荷兰海军在英格兰的当斯港取得对西班牙舰队的压倒性胜利，这也坐实了荷兰作为第一海上强国的地位。

荷兰不只要面对旧时霸主葡萄牙、西班牙两国,还要面对新起之秀英国的挑战。

在与英国的商业贸易竞争中,荷兰有多于英国5倍的商船。荷兰用6000艘船只在波罗的海航行,封锁了英国同波罗的海沿岸各地的贸易;还趁着英国资产阶级革命时期英国国内的动乱,夺取了北海和英吉利海峡的制海权;而在地中海和西非沿岸,也极尽所能地排挤英国。

转口贸易也叫中转贸易，指由第三方作为中转方，在生产国和消费国之间进行的进出口商品贸易。

荷兰商人利用上万条商船走遍了世界，又利用世界各地区的价格差异进行转口贸易，每年通过转口贸易获得巨大利润。

凭借商业贸易，在17世纪，荷兰资本积累比欧洲各国的资本总和还要多，首都阿姆斯特丹也成为国际股票市场的中心。仅以股息的形式，荷兰每年从英国和法国获得超过5000万荷兰盾（1荷兰盾在当时约等于0.6克黄金，5000万荷兰盾大约相当于现在140亿人民币），从西班牙、俄罗斯、瑞典、德意志等国家也可以获得超过3000万荷兰盾。

在长期的经济繁荣后,荷兰的隐患也逐步开始暴露。

首先是脆弱的经济结构。荷兰缺乏发展工业所需要的资源以及广袤的土地和众多的人口,经济过分依赖对外贸易,当18世纪欧洲各国逐渐采取高关税和给本国企业进行高补贴的策略以后,荷兰的贸易优势被迅速削弱了。

其次是大量的贷款成为坏账。由于经济的极度繁荣,18世纪的荷兰成为每个欧洲其他国家的借贷国,但是由于荷兰不断地卷入战争,别的国家与荷兰开战后,就不再愿意给荷兰归还贷款了。

再次是对于国外的大量投资,让国内产业失去了发展的活力。

荷兰为什么能进行大规模的围海造陆?

荷兰有大面积的浅水海湾,易于围海造陆,所以从13世纪起到现在,荷兰大概有五分之一的国土是通过人工填海造出来的,是世界上填海造地比例最高的国家。

荷兰最终走向衰落的原因还是战争。

由于荷兰内乱,导致对于军事力量尤其是海军的投入不足。荷兰海军的作战费用属于特别开支,由联省议会特别拨款。当时荷兰海军有5个海军部,在执政的带领下统一行动,而在1702年,荷兰执政威廉三世去世,各省都停止为海军提供经费。从1713年到1770年,除荷兰省以外的6个省没有为舰队投入一分钱,导致荷兰海军形同虚设,这样的情况下,各国纷纷拦截荷兰船只,海盗也大量劫掠荷兰船只。

直至1795年1月,法国革命军攻入荷兰,荷兰最后一位执政威廉五世逃往英国,荷兰成为了法国的附庸国,即使之后再次独立,也没能再次崛起。

1945年6月,联合国在荷兰海牙设立**海牙国际法庭**。

时至今日,虽然辉煌不再,但荷兰依旧是当今发达的资本主义国家之一,拥有发达的农业和强大的工业基础,是世界主要造船国家之一。同时也拥有很高的科技和教育水平。

大国启示

　　荷兰的崛起是充分发挥了自己优势的成功，再加上自由宽松的政策，远离欧洲的矛盾中心，一个一半国土在海平面以下的国家，最终成了世界的霸主。失败永远比成功要容易。"生于忧患，死于安乐"，过度的战争让荷兰不堪重负。

　　由于英国颁布的《航海条例》，荷兰和英国在1652年到1673年间先后发生三次英荷战争。

　　1675年，刚结束英荷战争的荷兰海军又与西班牙海军联合镇压西西里岛起义。

　　此后，一直到1713年的西班牙王位继承战争结束，荷兰一直处于四处作战中。频繁的作战耗光了荷兰的财富，英法的竞争又使财富来源减少。到了1785年，荷兰的处境已经很糟糕了，公共债务增加到几乎付不出利息的地步。

　　"天下虽安，忘战必危"在荷兰身上应验了，过度的战争与对外界的经济依赖，以及各行其是的地方政权使荷兰受制于人，也成为荷兰最终走向衰败的原因。

荷兰简史

公元 5 世纪　法兰克人建立法兰克王国，统治中心就是尼德兰地区。

1516 年　尼德兰成为西班牙属地。

1566 年　尼德兰发生"破坏圣像运动"。

1568 年　荷兰独立战争开始，又称"八十年战争"。

1572 年　尼德兰人在荷兰省等推举威廉·奥兰治为"最高统治者"。

1581 年　尼德兰北方七省脱离西班牙独立。

1588 年　德兰北方七省宣布成立尼德兰联省共和国。

1602 年　荷兰联合东印度公司成立。

1603 年　荷兰在爪哇岛设立商站，开始了对印尼长达 300 多年的殖民统治。

1639 年　荷兰海军以压倒性优势击败西班牙舰队，成为当时第一的海上强国。

1648 年　西班牙正式承认荷兰独立，荷兰也逐步成为继西班牙之后的又一殖民强国。

1672 年　法荷战争开始。

1678 年　荷兰战败，法荷战争结束。

1702 年　威廉三世去世，荷兰海军失去大部分经费支持，迅速衰落。在第四次英荷战争中被英国打败。

1795 年　法国占领荷兰，荷兰共和国灭亡。

1814 年　脱离法国，次年与比利时、卢森堡成立荷兰王国。

1830 年　比利时脱离荷兰王国独立。

1840 年　荷兰被德国占领，荷兰政府流亡英国。

1845 年　二战结束，荷兰恢复独立。

图书在版编目（CIP）数据

这就是历史. 3, 荷兰 / 唐晋主编. -- 石家庄 : 河北科学技术出版社，2023.6
 ISBN 978-7-5717-1622-6

Ⅰ．①这… Ⅱ．①唐… Ⅲ．①世界史－青少年读物②荷兰－历史－青少年读物 Ⅳ．①K109②K563.09

中国国家版本馆CIP数据核字(2023)第104467号

这就是历史 . 3, 荷兰
ZHE JIUSHI LISHI 3 HELAN
唐晋 / 主编

责任编辑：	李　虎
责任校对：	徐艳硕
美术编辑：	张　帆
封面设计：	柒拾叁号
出版发行：	河北科学技术出版社
地　　址：	石家庄市友谊北大街330号（邮政编码：050061）
印　　刷：	北京天工印刷有限公司
经　　销：	新华书店
开　　本：	700mm×1000mm　1/16
印　　张：	27
字　　数：	270千字
版　　次：	2023年6月第1版
印　　次：	2023年6月第1次印刷
书　　号：	ISBN 978-7-5717-1622-6
定　　价：	270.00元（全九册）

这就是历史 ④

英国

唐晋 主编

河北科学技术出版社

英国概况

英国，全称是大不列颠及北爱尔兰联合王国（The United Kingdom of Great Britain and Northern Ireland），位于欧洲西部的一个岛国，本土由大不列颠岛上英格兰、苏格兰、威尔士以及爱尔兰岛东北部的北爱尔兰共同组成，国土本土面积（包括内陆水域）为24.41万平方千米，比中国广西壮族自治区稍大一点，首都是伦敦。官方语言为英语，以英格兰教会为国教。

除了本土以外，英国还拥有安圭拉、英属南极领地、百慕大、英属印度洋领地、英属维尔京群岛等14处海外领土，总面积约172.8万平方千米，人口共约26万人，其中在南极洲声称的英属领地并不被其他国家所承认。

海洋作为英国的天然疆界曾帮助英国人成功地抵御了大量来自大陆的入侵者，也因为海，导致英国一直居于"文明世界"的边缘。但正是这样一个在北海骇浪中颠簸漂浮的小小岛国，人口不过数千万，国土资源也很有限，却率先敲开了通向现代世界的大门，并且最终成为殖民地遍布全球的"日不落帝国"。

在欧洲大陆的西北角，隔海相邻的有两个大岛和数百个小岛，统称为不列颠群岛，而不列颠群岛中距离欧洲大陆最近的一个岛叫英格兰岛。

虽说不列颠群岛四面环海，但是由于英格兰岛与欧洲大陆相隔的英吉利海峡较为狭窄，只有大概34千米宽，所以欧洲大陆如果出现强大的势力，都可以轻易跨过海峡进入英格兰岛，进而入侵不列颠。

从公元前13世纪开始，伊比利亚人就来到了不列颠的土地上定居，在之后的20多个世纪里，克尔特人、布立吞人、罗马人、益格鲁-撒克逊人、丹麦人都曾统治过这片土地，直到1066年，法国的威廉公爵率军入侵，加冕为英格兰的王，称为威廉一世。

由于威廉一世是法国人,所以在很长一段时间中,法语都是英格兰的官方语言,但盎格鲁－撒克逊人所使用的英语并没有消亡,英语在不列颠有着广泛的民众基础。

牛津大学和剑桥大学

1167年,当时的英国国王亨利二世和法兰克国王发生争吵,导致大批英国学者无法再在巴黎大学学习。这批学者聚集在牛津,之后在英国国王和教会的支持下,逐步创建了牛津大学。

1209年,牛津学生与当地居民发生冲突,为了躲避骚乱,一批牛津学者就迁移至剑桥镇,创建了剑桥大学。

直到13世纪中后期，英语的运用占据了不列颠岛的大多场景。因此，英格兰国王爱德华一世在1295年召开第一次英格兰王国的议会时，选择用语言作为议题来煽动民众的反法情绪，此后英语成为事实上的英国官方语言，英国的文学作品、官方文书也随即开始使用"英格兰民族"这个词汇，1362年英国又明确规定了所有法庭的辩护和判决都须用英语，这意味着英格兰作为一个统一的民族已经形成。

不列颠与英国

严格来说，"英国"只是"英格兰王国"的简称，但实际上它往往用来泛指英伦诸岛，即包括英格兰、威尔士、苏格兰，甚至有时也包括与英格兰隔海相望的爱尔兰。在历史上，"英国"是一个很不确定的概念，汉语将"不列颠"（Britain）统称作"英国"的习惯性错误，更加深了"英国"概念的模糊性。当然在中世纪时，英格兰王国在英伦诸岛（不列颠群岛）中一直发挥着绝对主导的作用——威尔士在13—14世纪之交并入英格兰王国；苏格兰在1286年一度臣服于英格兰，至1603年，苏格兰与英格兰王国联合并在1707年正式合并；爱尔兰则在1170年遭英格兰王国入侵，其后基本上作为英格兰王国的属地存在，直到1937年正式脱离英格兰独立。因此，"英国"或"英格兰王国"往往被当作可与"不列颠"互换的概念。

威廉一世作为法国人，即使成为英王以后，也是将更多的心思放在欧洲大陆上，他的后代也都继承了征服大陆的意志。这份"大陆情节"的意志在理查一世时达到了顶峰，他当政时拥有包括英法在内的一个庞大帝国，他非常热衷于与欧洲大陆各国之间的征伐，在这个时期，英国人理所应当地自视为横跨英吉利海峡的大帝国的一部分。

而到了约翰王当政时，由于被法国国王挑起英国内部矛盾，导致英国丧失了地处欧洲大陆的那部分地区，反应过来的英国希望拿回那部分土地，于是导致英法之间进行了数十年的战争，直到1259年12月，两国签订了《巴黎和约》才获得了短暂的和平。

约翰王（1166年—1216年），全名为约翰·金雀花，是英格兰金雀花王朝的第三位国王，又称"失地约翰"。在他执政期间，失去了英格兰王室在欧洲大陆上的大部分属地和对爱尔兰、苏格兰的权力辐射，也借此成为英国历史上最不得人心的国王之一。

欧洲瘟疫大流行

从1347年至1353年,一场鼠疫爆发,快速席卷了整个欧洲,造成了当时欧洲近1/3的人口死亡。因为这种病感染率和死亡率非常高,而病人在死亡后往往皮肤发黑,所以在当时也被称为"黑死病"。直到19世纪末期,引发黑死病的病菌和传播途径才被人研究发现。在此之前,人们只能通过不断观察、总结上次疫情爆发的经验来对抗这种可怕的传染病。

《巴黎和约》的签订并未彻底解决英法之间的矛盾，英国还是心有不甘。于是在1337年—1360年期间，英国分别在斯吕斯海战、克勒西会战、普瓦提埃战役中击败了法国，法国被迫于1360年5月8日签订《布勒丁尼和约》，并把从卢瓦尔河到比利牛斯以南的领土割让给英国。

其后英国又占据了法国的北部，迫使法国在1420年5月签订了《特鲁瓦和约》，直接占领了法国全境。而强烈的民族意识让法国民众不愿接受国家被外族统治，于是法国人民展开了反抗英国侵略的战争，最终随着"圣女贞德"领导法国打赢了奥尔良战役，战争开始朝着有利于法国的方向发展。在随后的数年中，法国收复了巴黎、曼恩、诺曼底、基恩等地，在1453年10月19日，英军在波尔多投降，退出法国。

这场英法战争持续了116年，称为"百年战争"。这场战争让英国彻底退出了欧洲大陆的争夺，但也让英国民族更加团结。

百年战争的影响

1337到1453年间的"百年战争"，对英法两国均有十分重要而深远的影响。这场由法国王位继承而引起的中世纪形态战争，实际上掺杂着商业和经济的因素。英国与法国境内的弗兰德尔和加斯科尼这两个羊毛加工中心具有密切的商业关系。按马克思主义学者莫尔顿的见解，百年战争的真正目的就是为了使这种经济往来受统一的政治支配。这场时断时续、绵延百年的战争大致可分两个阶段，百年战争的前期以1360年5月8日两王缔结《布勒丁尼和约》以及法国国土的分裂为终结。后期以英国彻底退出欧洲大陆为终结。

百年战争以后的 100 多年间，英国因为有着四面环海的地理特点，独自耕耘着国家，渐渐淡出欧洲各国的视野。

直到 1558 年，伊丽莎白一世继位，她不想让英国卷入欧洲大陆国家的纷争之中，于是拒绝了包括西班牙国王、奥地利大公、法国国王等欧洲数个国王的求婚，终身未嫁，再加上她英明的治国理念，让她受到了英国全体人民的爱戴。

伊丽莎白一世希望英国变得强大，而英国作为一个岛国，海外贸易是几乎唯一可选的路，而这时候的世界已经被葡萄牙、西班牙两国占据，尤其这时正值西班牙鼎盛时期。英国想从海外贸易中分一杯羹，直接和西班牙打仗肯定是打不过的，于是伊丽莎白一世想到了"好主意"，她鼓励英国人劫掠别国的商船，由于西班牙商船最多，导致西班牙受损最严重。在岛上居住的英国人也确实有着成为"海盗"的天赋，通过劫掠让他们获得了大量的财富。

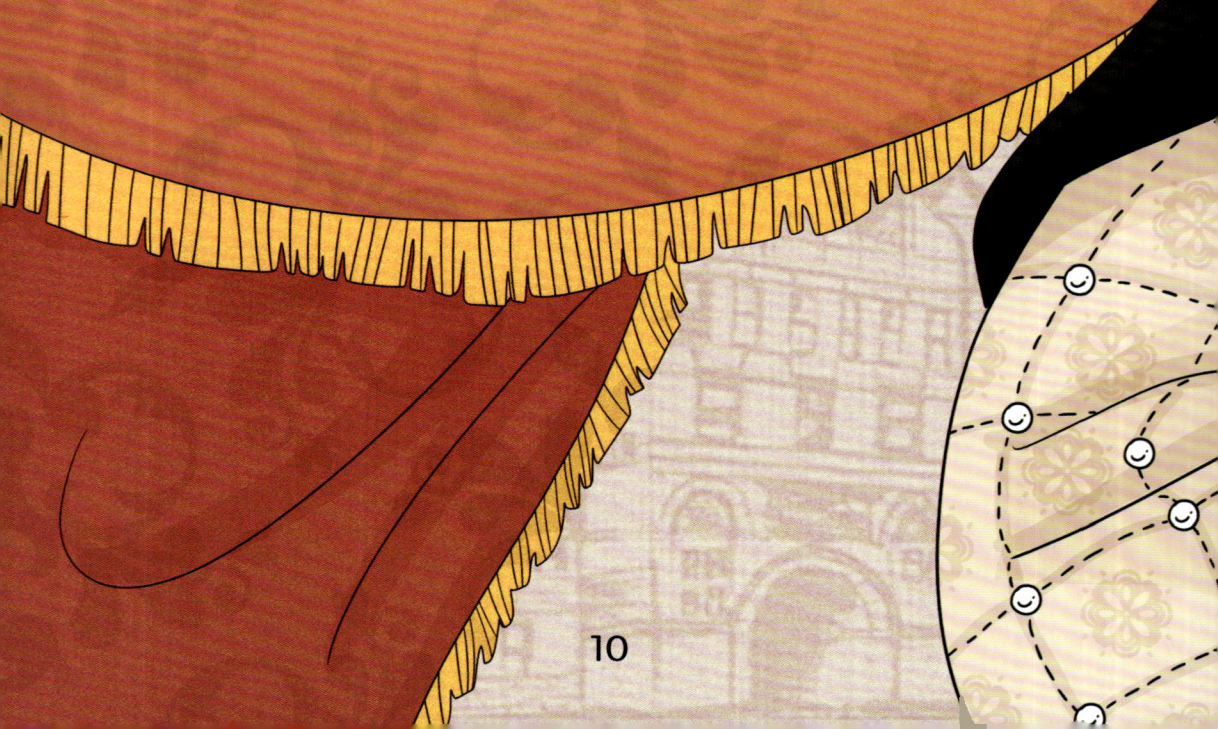

西班牙一直知道英国纵容民众劫掠自己的商船，而西班牙却忍了20多年，因为他们当时忙着夺取殖民地以及与葡萄牙争霸，直到1580年，成功吞并了葡萄牙。西班牙将葡萄牙本土和海外殖民地据为己有后实力大增，开始着手解决英格兰问题，先是使用了温和手段，却收效甚微，于是西班牙决定发动战争。

1588年春，西班牙调集了130艘战舰和1.9万多人的"无敌舰队"教训英国，但出航不久就遭到了风暴袭击，17艘船只和5000多人葬身大海，西班牙舰队只好先退回本土港口修整，7月中再次出发去往英国。此时英国也已经准备好了舰队迎战。

这次英西海战中，西班牙先后共损失战舰近半，而英军几乎没有损失。从此，西班牙海军一蹶不振，英国一跃成为海上强国。

英西海战

英国的舰船较小，更为灵活，英国舰队以小舰群不断消耗西班牙"无敌舰队"，令"无敌舰队"疲惫不堪，到了8月7日夜，英国舰队趁起风时向无敌舰队释放火船，导致无敌舰队阵型大乱。翌日凌晨，英舰队开始向"无敌舰队"进行攻击，激战至傍晚，"无敌舰队"逐渐不敌，选择先行撤退，而不巧的是，"无敌舰队"撤退途中又遭到风暴袭击，损失惨重。

在打赢英西海战后，伊丽莎白一世统治下的英国逐步成为欧洲最强大的国家之一。

在经济上，伊丽莎白一世实行重商主义政策，对于本国的毛纺织业和手工业进行保护。她还鼓励建立各种海外贸易公司，既促进了航海业和造船业的发展，也扩大了英国的呢绒等商品的海外市场。

在文化上，开明的政策使英格兰文化也踏上新的台阶，其中莎士比亚就是最杰出的代表。

在外交上，伊丽莎白一世游走于欧洲各大强国之间，使英国极少卷入欧洲大陆的纷争。

莎士比亚（1564年—1616年），全名威廉·莎士比亚，是英国文学史上最杰出的戏剧家，诗人，也是欧洲文艺复兴时期最伟大的作家，全世界最卓越的文学家之一。

莎士比亚最具有代表性的作品是《奥赛罗》《哈姆雷特》《李尔王》《麦克白》。莎士比亚的艺术成就除了自身天赋外，也得力于伊丽莎白一世的宽厚，其作品中一般将国王描写为反派，也喜欢强调女性的脆弱，而这一切，即使在伊丽莎白一世看了莎士比亚的戏剧后也并未恼怒，这是一般国王不曾拥有的气度。

1603年，伊丽莎白一世去世，詹姆士一世和其子查理一世相继继位。在查理一世继位时，英国对外战争较多，王室非常缺钱，他就想进行大规模征税来获取财富，而议会不同意他的做法，这让查理一世非常恼火，他便开始摒弃议会强行征税，自此，王权与民众有了矛盾。

1642年，英国民众出于对国王独裁的不满，爆发了英国内战，最终民众支持的议会获得了胜利，在1649年处死了查理一世，其后很长时间，英国也没选出合适的国王。

1661年查理二世回国复位，加冕成为英国国王。其胞弟詹姆斯随之返回英国，并在查理二世去世后继承了王位。但在1688年，议会发现荷兰执政威廉二世是一位明君，便邀请威廉二世来英国当国王，最终詹姆士二世逃亡法国，这就是"光荣革命"。

威廉接受了议会的《权利法案》，确立了君主立宪制度，决定了议会高于王权，这也意味着一个人统治国家的时代结束，取而代之的是代表新兴资产阶级和新贵族利益的议会。

光荣革命的根本原因是封建专制统治严重阻碍了资本主义的发展，使阶级矛盾激化。

光荣革命的意义

1. 英国资产阶级通过革命推翻了封建君主专制，是人类历史上资本主义制度对封建制度的一次重大胜利。
2. 确立了资产阶级的统治地位，为发展资本主义扫清了道路。
3. 揭开了资产阶级革命运动的序幕，推动了世界历史的发展进程。

《权利法案》最核心的内容是由议会缔造了一个国王,这个国王根据议会的条件登上王位,并服从议会的法律,从而确立了议会的主权。

《权利法案》颁布的意义

1. 以法律形式对国王的权利进行了明确的制约。
2. 标志着君主立宪制的资产阶级统治开始确立起来。

光荣革命建立起的君主立宪制比欧洲大陆的君主专制更宽松、自由以及开放，更适合资本主义发展，而且通过光荣革命，国内的政权基本趋于稳定，英国又开始走向同欧洲各国争霸的道路。

如何争霸呢？此时的海外殖民地大多在法国与荷兰手中，英国发挥起了自己的传统技能——抢。

英国在东方的殖民机构是英国东印度公司，主要对印度等亚洲国家进行殖民侵略。

1756年，英国对法国宣战，为了抢夺殖民地，英国在欧洲大陆以外又开辟了多个战场，遍及地中海、北美、古巴、印度和菲律宾等地。

1759年，英军先后击败了法国的地中海舰队与大西洋舰队，基本消灭了法国的海上军事力量。

1763年，英国以胜利者的姿态与法国签订了《巴黎合约》，这份合约奠定了英国在全球范围内的殖民霸权和商业霸权。

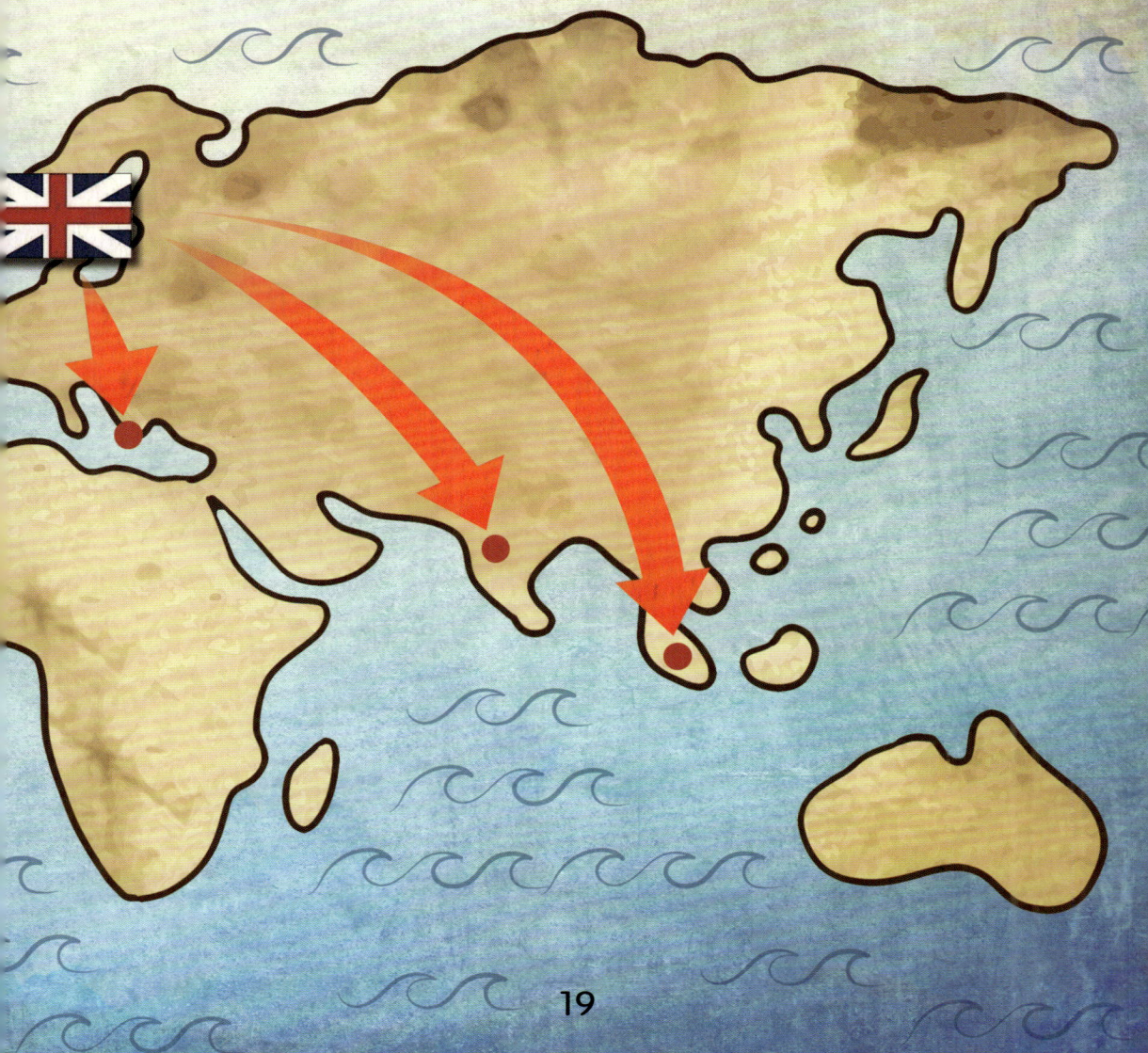

英国成为"日不落帝国"的时间
18世纪后半叶。

虽说通过武力可以解决一些国家争端，但是武力总归会引起反抗，无法完全占领世界，而贸易则可以占领世界，因为任何地方都需要商品。

就此，英国用战争构筑起庞大的殖民帝国，又通过殖民帝国所生产的商品构筑起囊括世界的贸易圈，其中英国提供工业品，美洲提供烟草、鱼类及海防仓库，西印度群岛提供蔗糖及其他热带农副产品，印度提供香料，英国通过垄断这个贸易圈，把商品卖向世界各地，至此，英国也成为了真正的"日不落帝国"。

英国拥有了巨量的市场，但是生产商品的速度跟不上售卖的速度，这就倒逼着英国开始提升生产效率，人们都在想方设法的改进生产技术，于是在18世纪60年代，工业革命就开始了。

纺织业最先发展起来，人们先是创造了飞梭技术用于织布，提升了织布效率，而织布需要的棉纱却还是依靠家庭手工工厂提供，棉纱供应明显不足。

工业革命到来的根本原因

随着市场的扩大，手工工场生产无法满足海外市场的需求，进而产生了工业革命的动力。

一次偶然的机会，织布工詹姆士·哈格里夫斯不小心踢翻了妻子正在使用的纺织机，获得了灵感，发明了名叫"珍妮机"的手摇纺纱机，珍妮机可以同时纺出多根棉线，比旧式纺车的生产效率提高了8倍。珍妮机的发明让英国建立的许多大规模的织布厂，成为第一次工业革命的开端。

工业革命的主要标志是蒸汽机的广泛运用，人类进入蒸汽时代。

珍妮机的发明令生产效率提高很多，但是仍然需要用到大量人力，还是无法满足庞大的市场需求。

1765年，瓦特对蒸汽机进行了改良，瓦特改良后的蒸汽机提高了热效率，降低了煤耗，由原来只能提水的笨重机械，成为可以广泛应用的蒸汽机。蒸汽机的改进引起的技术革命使人类社会从手工劳动生产完成了向动力机器生产的转变，它使英国的纺织品产量在短短20多年内增长了5倍，也为市场提供了大量消费商品。而蒸汽机在采矿、冶金、化工、纺织、交通等行业中的广泛应用，使人类进入了蒸汽时代。

瓦特改良蒸汽机前瞻性的思路其实源于1687年出版的一本书——《自然哲学的数学原理》，这本书的作者名叫牛顿。

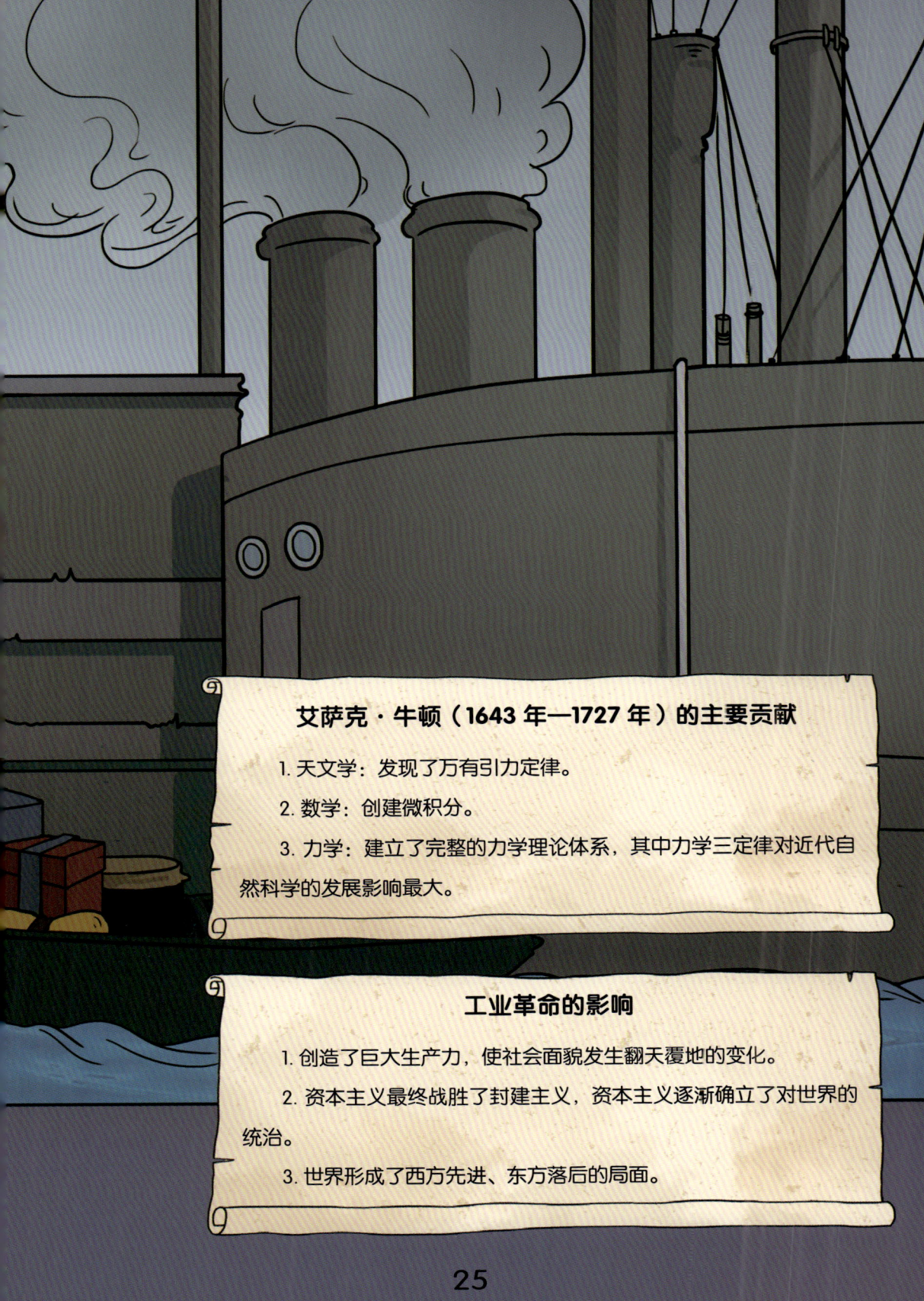

艾萨克·牛顿（1643年—1727年）的主要贡献

1. 天文学：发现了万有引力定律。

2. 数学：创建微积分。

3. 力学：建立了完整的力学理论体系，其中力学三定律对近代自然科学的发展影响最大。

工业革命的影响

1. 创造了巨大生产力，使社会面貌发生翻天覆地的变化。

2. 资本主义最终战胜了封建主义，资本主义逐渐确立了对世界的统治。

3. 世界形成了西方先进、东方落后的局面。

亚当·斯密（1723年—1790年），英国经济学家、哲学家、作家，被誉为"经济学之父"。他与他所著写的《国富论》标志着古典自由主义经济学的正式诞生，是古典经济学的"开山鼻祖"。

工业革命以后，生产效率的提高让英国开始转变经济策略，他们抛弃工业革命前的重商主义原则和关税保护原则，开始举起"自由贸易"的旗帜，而将这个经济学理论推向世界的则是英国的"经济学之父"——亚当·斯密。

1776年，亚当·斯密的《国富论》出版，这本书被誉为西方经济界的"圣经"。他认为一个国家的经济只有在最"自由"的状态下才能更好地发展，一切国家干预都会对经济造成破坏，每个人不考虑社会利益，都为了自己的私利，用"一只看不见的手"牵着，最终促成社会利益的增长，只有纯粹的经济规律不受节制地起作用，才能把这个国家引向富强。

英国也在亚当·斯密的理念下形成自由经济贸易战略，通过贸易征服其他地区，行成垄断，占据利益。

英国国内的工业革命正在进行，隔海相望的邻居法国却有了翻天覆地的变化——法国大革命爆发了。

法国大革命对于旧贵族和宗教的特权与统治造成了巨大冲击，这次革命的风潮在欧洲大陆愈演愈烈，逐步在英国也有了苗头。随着1793年法国国王路易十六被革命者推上断头台，英国的统治者有了唇亡齿寒的感觉，于是断绝了与法国的外交关系，直接参战。

英国集结了普鲁士、奥地利、西班牙等国组成了第一次反法同盟，结果被法国打败。

1798年，土耳其对法宣战，又与俄国、英国、普鲁士、奥地利形成第二次反法同盟。而随着"雾月政变"后，拿破仑成为执政官，法军的士气高涨，再次击败了第二次反法同盟。英国迫于无奈，在1802年与法国签订《亚眠条约》。

《亚眠条约》主要内容

1. 英国近年来占领的殖民地除保留荷兰属地外，其余均归还法国及其盟国。

2. 英国退出它在地中海和亚得里亚海的所有港口和岛屿，并专门规定，英国应从马耳他撤军并保证马耳他的独立和中立；法国则同意从那不勒斯、罗马和厄尔巴岛撤军，埃及归还奥斯曼帝国。双方都承认爱奥尼亚七岛共和国。

《亚眠条约》使英国退出了欧洲大陆，法国顺利地在意大利和德意志等地扩张领土，并对英国的商品进行贸易封锁，而此时英国国内的工业革命已然兴起，贸易对英国而言意义重大。因此，在1803年，英国再一次主动对法国宣战。

经历了大大小小多场战争后，到了1805年10月，英法两国的舰队在特拉法加进行了最终较量，这场海战持续了5个小时，战况十分惨烈，就连英军统帅纳尔逊都战死了，然而最后的胜利属于英国。经此一役，英国彻底控制了英法战争的制海权，有了制海权后，英国作为岛国，就立于不败之地了。

1815年，随着拿破仑输掉滑铁卢之役，法国被彻底击败，英国在建立全球性殖民帝国的道路上再也没有任何对手。

没有了战争的风险，英国的工业化进程迈入了快车道，它成为第一个工业化国家，伴随着工业革命和巨量的贸易垄断，英国顺利登上了世界工业霸主的位置。

1850年，英国生产了全世界金属制品、棉织品和铁产量的一半，煤产量的2/3，造船业、铁路修筑都位居世界首位，对外贸易占世界贸易总量的20%。

1851年英国举办了第一届世界博览会，向全世界展示英国工业化的成果。

到了1860年，英国生产了世界工业用品的40%~50%，欧洲工业品的55%~60%，对外贸易占世界贸易总量的40%，英镑也成了国际货币。

至此，英国以全世界人口的2%，具有了全世界40%~50%的现代工业能力。

1884年，国际子午线会议决定将经过英国格林尼治天文台旧址的子午线定为**本初子午线**，即零度经线，这一决定也被当时大多数国家所承认。

第一届世界博览会又称伦敦世界博览会,或万国工业博览会,在英国首都伦敦举行,展期是1851年5月1日至10月11日。其主要展出了世界文化与工业科技,多国的展出物品超过13000多件,参观人数达600多万人次,展馆被称为**水晶宫**。

1887年，柯南·道尔发表《血字的研究》，夏洛克·福尔摩斯作为男主角登场。之后柯南·道尔以福尔摩斯为主角所创作的一系列作品《福尔摩斯探案集》，也让福尔摩斯成为最著名的侦探形象之一。

在19世纪中后叶，英国不只拥有着世界其余国家都无法比拟的财富，在文学领域也涌现了一大批流芳百世的作家与作品，如夏洛蒂·勃朗特的《简·爱》、查尔斯·狄更斯的《雾都孤儿》。

在这个时代，可以说是英国引领世界，英国人将这一切成就都归功于英国的制度优越。正当他们沉迷于世界霸主所带来的自豪感中时，却没发现制度开始逐步跟不上时代的发展，英国也逐步跨过了强盛的巅峰，走向了下坡路。

弗洛伦斯·南丁格尔（1820年—1910年），出生于意大利，在德国学习护理，并于1853年成为伦敦慈善医院的护士长。她在战地护理中，认为许多士兵是死于感染和不正确的护理，并总结出了一套自己的护理理论，开设护士学校，改善医院的卫生条件，大大降低了伤员的死亡率。护士这一职位也由之前粗重的照顾工作变成了一项专业技能。因此南丁格尔被称为现代护理学的奠基人。

庞大的殖民地为英国带来了天量的收益，也让英国背上了沉重的负担。

到第一次世界大战爆发时，英国依然拥有3289万平方千米的土地和4.31亿人口，约占当时全球面积的1/4及全球人口的1/4，而英国本土却仅有24万平方千米。大量的殖民地让英国获得了巨额的财富，但是由于资本主义社会生产社会化和生产资料资本主义私人占有之间的矛盾，导致这些财富并没有让平民的生活变得更好，而是大量流入贵族与官员手中，巨大的贫富差距让英国大众要求改革的声音也越来越大。

1915年，英国发明了坦克，并于1916年首次在一战战场上使用。

另外,由于殖民地与英国远隔重洋,也开始走向成熟,逐步形成新的认同、新的社会和新的生活方式。而在第一次世界大战中,这些殖民地政府为英国提供了巨大的人力物力支持,这也让各殖民政府与英国政府逐渐处于同等地位上,殖民地的独立倾向愈加强烈。

一战结束后,英国在世界范围内的统治开始逐步瓦解。

第一次世界大战简称"一战",是1914年—1918年,资本主义国家向帝国主义过渡时期为重新瓜分世界和争夺全球霸权而爆发的一场战争,是欧洲历史上破坏性最强的战争之一。

战争双方分别是同盟国(德意志帝国、奥匈帝国、奥斯曼帝国、保加利亚王国)和协约国(大英帝国、法兰西第三共和国、俄罗斯帝国、意大利王国和美利坚合众国)之间的战斗,约有6500万人参战,超过3000万人伤亡,最后协约国阵营取得胜利。

除了殖民地统治的松动外，英国开始衰落的主要原因还在于四个方面。

第一，英国丧失了工业科技的优势。第一次工业革命以后，英国开始安享其成，而在19世纪后期，德国和美国的崛起，引发了第二次工业革命，英国并没有跟上脚步。

第二，经济结构未能及时调整。英国一直以棉纺、煤炭、钢铁和造船为支柱产业，而在第二次工业革命后，新兴产业开始占据优势，能获得更高的利润。

第三，经济对外依赖度过高。由于英国与世界进行贸易，而本土市场规模却太小，英国有70%的资金都投在国外，一战、二战让世界变得混乱，也导致英国在国外的财富无法获得预期收益。

第四，企业家丧失了积极性。当国家处于优势时，英国企业家开始逐步追求贵族生活，大量的英国人开始追求安逸，贪图享受。

面对后进国家的步步紧逼与自身的大量问题，英国走向了衰落，英国的时代也已经过去。

虽然英国内部有种种问题，但是庞大的殖民帝国体系并没有崩塌，而让英国的獠牙最终收回到不列颠岛的根源还是第二次世界大战。

英国虽然打赢了战争，却丧失了一个帝国。二战后，独立运动浪潮开始兴起，大批英国殖民地也正式要求独立，而英国经过了大战后，国力正处于疲弱时期，已经无力镇压殖民地的独立运动，英国的殖民体系直接分崩离析。

至此，几乎完全丧失海外殖民地的英国也只能偏安一隅，由于国土面积的限制，再也不复往日帝国雄风。

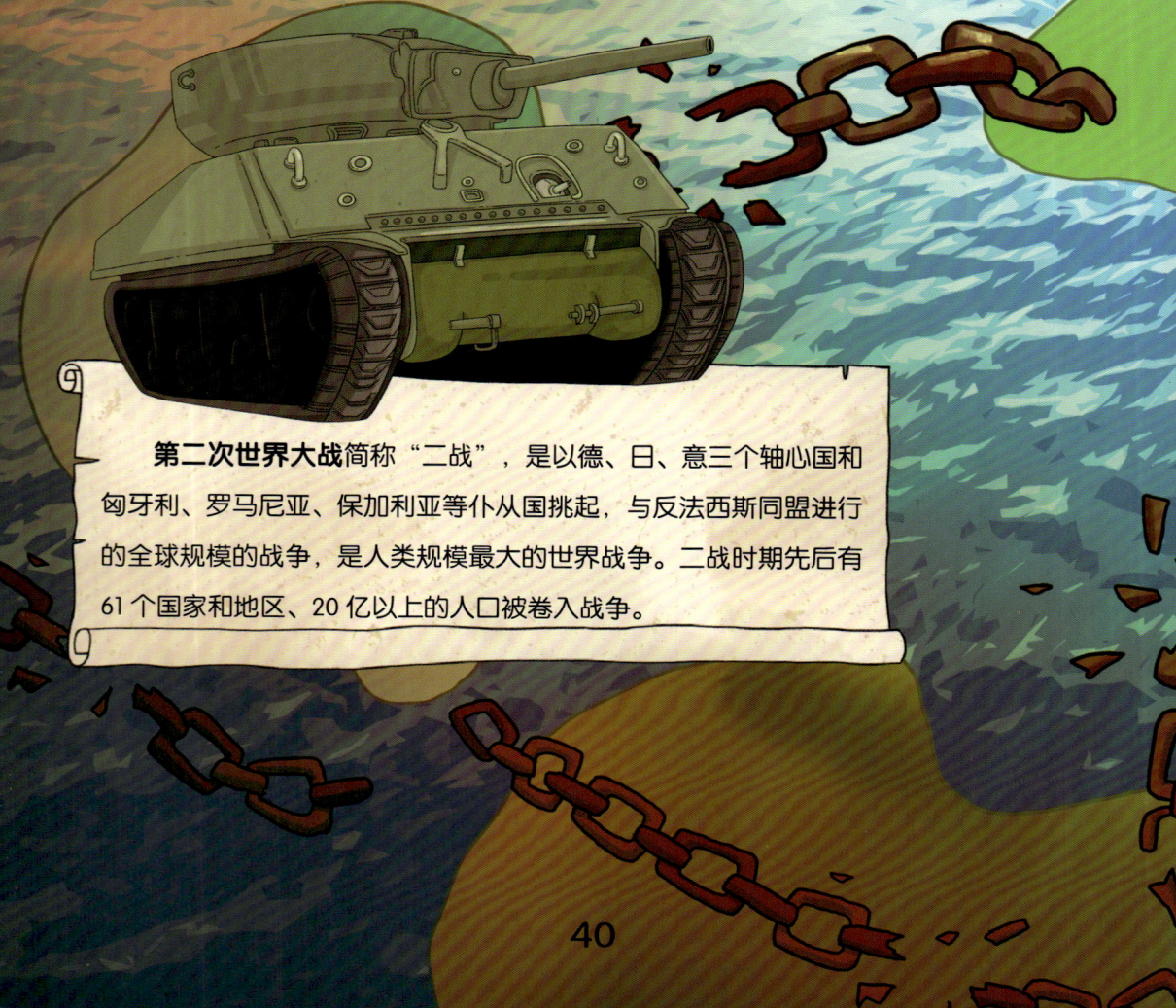

第二次世界大战简称"二战"，是以德、日、意三个轴心国和匈牙利、罗马尼亚、保加利亚等仆从国挑起，与反法西斯同盟进行的全球规模的战争，是人类规模最大的世界战争。二战时期先后有61个国家和地区、20亿以上的人口被卷入战争。

大国启示

英国从一个岛国变成欧洲强国,最终成为世界霸主,凭借的是它所创造出来的一种新的制度文明,而这种文明长期一定程度上引领人类进步的潮流,吸引着世界各国争相效仿。

1870年以后英国开始衰落,也是因为它文化中的保守因素阻碍其继续创新,因而慢慢落伍,成为二流国家。

英国的崛起过程,不能忽视其文化的保守性,但也不能不看到其文化的创新性。英国文化的创新性,主要表现在以下史实:英国是工业革命最早的国家,领先世界上所有国家,它的工业文化具有创新性;英国是第一个全球金融资本的中心,它的商业文化具有创新性;英国拥有有史以来最强大的海上力量,它的海洋和军事文化具有创新性;英国率先建立了现代意义的议会民主制度,它的政治文化具有创新性;另外,英国在欧洲列强间纵横捭阖,一向居于比较主动的地位,它的外交文化也具有创新性……英国文化保守中蕴含着创新,创新中体现着保守,它是一种兼容并蓄的综合性文化。

英国对世界的贡献是多方面的,从英国所做出的世界性贡献而言,世界上几乎没有任何一个国家可以望其项背。

英国简史

公元前13世纪 伊比利亚人定居不列颠群岛。

1066年 法国威廉公爵加冕为英格兰的王,建立诺曼王朝。

1154年 金雀花王朝的亨利二世即位,成为英格兰国王。

1337年 英法"百年战争"爆发。

1347年 "黑死病"爆发,开始席卷欧洲,英国失去大量人口。

1453年 英军在波尔多投降,"百年战争"结束。

1458年 亨利七世即位,建立都铎王朝,结束了长达30多年的"玫瑰战争"。

1558年 伊丽莎白一世即位。

1558年 英西海战,西班牙战败,英国成为海上霸主。

1603年 伊丽莎白一世去世,因其终身未嫁,无子嗣,传位给詹姆斯一世,斯图亚特王朝建立。

1649年 处死查理一世。

1689年 威廉三世接受了议会的《权利法案》,确立了君主立宪制度。

18世纪60年代 工业革命开始。

18世纪后半叶 英国成为"日不落帝国"。

1802年 拿破仑击败第二次反法同盟,英国被迫与法国签订《亚眠条约》。

1851年 英国举办第一届世界博览会。

1918年 第一次世界大战结束,英国成为战胜国,但因为实力下降,英国在世界范围内的统治开始逐步瓦解。

1931年 因为与殖民地矛盾加剧,英国议会通过《威斯敏斯特法案》,英联邦成立。

1945年 第二次世界大战结束,独立运动浪潮兴起,英国殖民体系分崩离析。

图书在版编目（CIP）数据

这就是历史. 4，英国 / 唐晋主编. -- 石家庄 ：河北科学技术出版社，2023.6
 ISBN 978-7-5717-1622-6

Ⅰ．①这… Ⅱ．①唐… Ⅲ．①世界史－青少年读物②英国－历史－青少年读物 Ⅳ．①K109②K561.09

中国国家版本馆CIP数据核字(2023)第104466号

这就是历史．4，英国
ZHE JIUSHI LISHI 4 YINGGUO

唐晋 / 主编

责任编辑：	李　虎
责任校对：	徐艳硕
美术编辑：	张　帆
封面设计：	柒拾叁号
出版发行：	河北科学技术出版社
地　　址：	石家庄市友谊北大街330号（邮政编码：050061）
印　　刷：	北京天工印刷有限公司
经　　销：	新华书店
开　　本：	700mm×1000mm　1/16
印　　张：	27
字　　数：	270千字
版　　次：	2023年6月第1版
印　　次：	2023年6月第1次印刷
书　　号：	ISBN 978-7-5717-1622-6
定　　价：	270.00元（全九册）

这就是历史 ⑤

法国

唐晋 主编

河北科学技术出版社

法国概况

　　法兰西共和国（The French Republic，简称法国），本土位于欧洲西部，在欧洲的国土面积为55.4万平方千米，比中国四川省大一些，也是欧洲国土面积第三大的国家，首都是巴黎，西北部与英国隔海相望，东部与比利时、卢森堡、德国等国接壤，南部与西班牙、安道尔等国接壤。官方语言为法语，政治体制为半总统半议会制度。

　　除欧洲本土外，法国在海外拥有法属圭亚那等4个海外省，法属波利尼西亚等5个海外领地以及1个特别行政单位法属新喀里多尼，海外面积大约有12.3万平方千米。

　　法国的历史极为悠久，各个民族的入侵与融合导致民族成分极为复杂，多种文明的碰撞令法国人拥有更为活跃的思维，而后随着大革命的爆发，法国人把思想启蒙的种子撒向了全世界。

在久远的旧石器时代，法兰西的土地上就已经有了人类生存的痕迹。公元前1000年，凯尔特人在此地定居，而罗马人将凯尔特人称为高卢人，所以这片地域也被称为"高卢"。

查理曼大帝
（742年—814年），查理曼帝国建立者史称"欧洲之父"。

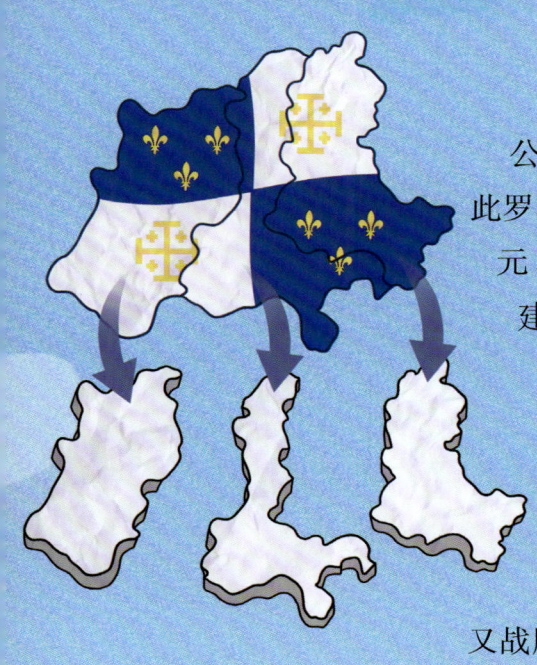

公元前49年,罗马人恺撒征服了高卢,从此罗马统治了高卢地区长达500余年,直到公元5世纪罗马帝国灭亡,法兰克人征服高卢,建立法兰克王国。

在法兰克王国经历墨洛温王朝和加洛林王朝两个时期后,国王查理曼不断发动战争,征服了西北部的日耳曼人,入侵了斯拉夫人领土,吞并了伦巴德王国,又战胜了穆斯林,他在任时候统一了西欧的大部分地区。可是他的儿子路易一世并没有维持住这个庞大的帝国,最终查理曼帝国一分为三,分别是西法兰克王国、中法兰克王国和东法兰克王国,这三国也逐步演变为如今的法国、意大利和德国。

恺撒(前100年—前44年),罗马帝国的奠基者,史称恺撒大帝。

为什么查理曼帝国会产生分裂?

查理曼是欧洲历史上最著名的君主之一,我们常见的扑克牌中的红桃K(King)指的就是查理曼大帝。到了查理曼儿子路易一世执政时代,他对自己的儿子们都十分喜爱,就把帝国分给了三个儿子,由儿子们去管理地方贵族。在路易一世去世后,三个儿子经过长期混战,也没有任何一个人可以完全继承帝国的全部,最终只好坐下来谈判,签订了《凡尔登条约》,把帝国分裂为三部分。

分裂出来的西法兰克王国在100多年的时间里一直保持着统一。而到了公元987年，西法兰克王国的国王路易五世死后无嗣，在西法兰克拥有较高声望的法兰西公爵雨果·卡佩被推举为国王，他所建立的王朝被称为"卡佩王朝"，西法兰克王国最终由法兰西王国所取代。

卡佩虽然接手了王位，但是他所控制的疆域也仅限于面积不足3万平方千米的法兰西岛，而法兰西王国的其余各地贵族也仅仅是奉卡佩王朝为宗主，对于卡佩王朝的政令却并不买账，正因为如此，在卡佩王朝最初的两个世纪里，国王们并没有真正的实权，所以卡佩王朝前期的国王的核心目标是巩固自己的王权。

为什么贵族可以不听国王的话？

在查理曼统治时期，由于所统治的疆域太过辽阔，而当时又缺乏快捷的通信手段，所以在帝国一直实行着分封制和采邑制，将帝国领土分给贵族，换取贵族的支持，而这样的结果就导致地方贵族势力逐步扩大，在中央势力较强时，地方贵族势力会对中央有所尊重，而中央势力变小时，地方贵族势力就会脱离中央的掌控。

卡佩王朝的国王们经过上百年的治理，王权有所加强。

在路易六世执政时期，初步扫平了王室领地的中小领主和不奉王命的大封建主。路易七世则把巴黎定为永久性首都，结束了王室漂泊的历史。

巴黎圣母院始建于1163年3月23日，欧洲著名的哥特式基督教教堂。

卢浮宫始建于1204年，原为法国的王宫，1793年对外开放，成为一个博物馆。

其后继任的菲利普二世时期，最大的对手是拥有英国国王头衔的法国安茹伯爵，安茹伯爵占有大片领地，总面积比法国王室还大5倍，于是菲利普二世为了统一法国，熟练运用"离间计"挑起安茹伯爵与他的儿子查理的矛盾，又挑动了查理与约翰之间的兄弟矛盾，然后又故伎重施，挑动了约翰与侄子阿瑟的矛盾，借着安茹家族内乱之际，法国合并了安茹家族的大量土地。

离间计指利用敌人之间的矛盾或猜疑，破坏对方关系，使之产生内讧。

丢失了大量土地的英王约翰很是不满，于是在1214年组织了盟军进攻法国，而菲利普二世率领法国军民在布汶战役中打败了敌军，此战激发了法兰西民族热情，让法兰西民众更为信任菲利浦二世，法国王权大为巩固。

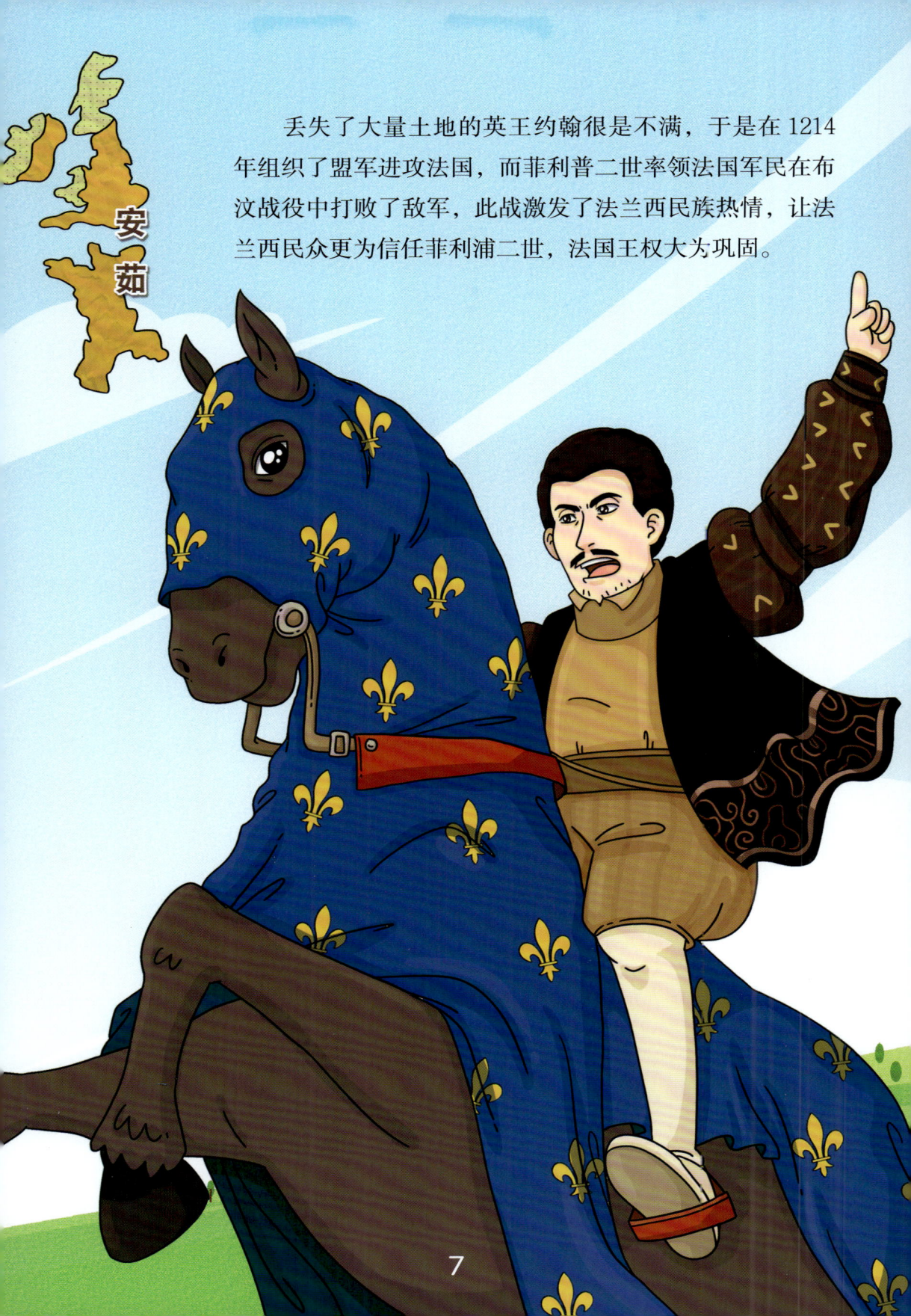

安茹

又经过一个多世纪的发展，到了 14 世纪初，法国王室已经统一了法国约 70% 的领土，阻隔法国统一最重要的对手就是英国，法国西南部很多土地依然在英国治理之下，法国力图将其收回，而英法的领土争端最终也演变为了两国的"百年战争"。

作为百年战争的最后胜利者，法王查理七世基本收复了英国在法国的所有领土，现在只剩下国内几个封建贵族存在了，这一任务交给了查理七世的儿子路易十一来完成。路易十一采取了征战和继承两种手段，最终基本勾勒出今日法国的版图，所以路易十一也被称为"国土聚合者"。

为什么法国获得了百年战争最终的胜利？

在百年战争中，法国几乎可以说屡战屡败，但是最终还是赢得了胜利，最主要的原因有三点。

其一是法国人口众多，百年战争时期，法国人口约为 1900 万，而英国只有 350 万，这导致即使法国输掉某一场战争，也能及时补充兵源。

其二是在 15 世纪末，法国王权逐步强势，当时的封建贵族和新兴贵族都需要王权帮忙，中央集权得以强化，国王能更容易调集国内势力。

其三是法国王室一直没出现内乱，政权交接成本低。

　　国家内部基本统一之后,法国也关注到了欧洲的邻国发财的方法——殖民统治,法国也开始将目光盯向世界。

　　于是在1605年,法国人在北美洲的皇家港建立了第一块殖民地。在有了经验以后,法国开始在全球各地建立众多的殖民地,后续经过长期发展,直到第二次世界大战开始之前,法国的殖民统治达到了顶峰,在全球一共拥有1234.7万平方千米的殖民地。全球除南极洲以外的各大洲都有法国的殖民地,其面积约占全球陆地总面积的8.6%,仅次于英国、法国成为世界第二殖民大国。

法国殖民地两个阶段

在 16 世纪前后,法国就希望在巴西建立殖民地,并在 1555 年及 1612 年分别入侵里约热内卢及圣路易两地,但是由于葡、西两国的阻拦,并未建立成功。

直到 1605 年,法国在北美洲建立起皇家港开始,法兰西正式开始了殖民旅程,第一次殖民热潮最终主要在北美和印度建立起殖民地。

而在拿破仑帝国覆灭后,法国的殖民地很多都被英国获得,所以法国开始了第二次殖民热潮,主要获得了西非的殖民地。

随着国家逐步统一，王权也更加集中。

1661年，路易十四继位的时候，王权登上了顶峰。路易十四最著名的治国名言就是"朕即国家"。他的意志就是法律，从中央到地方的庞大官僚机构都不过是其旨意付诸实施的工具。

路易十四大权独揽，他废除首相，剥夺了巴黎高等法院、全国三级议会等机构对王权的制衡作用，亲揽国家的一切事物，与他国相比，绝对君主制拥有更强力的国家机器，向心力更强。

为了体现王权的威严，路易十四还耗费巨资建造了凡尔赛宫，并建立了极其严格的宫廷礼仪制度，由于王宫的极尽奢华，进入宫厅谒见国王成了每个贵族的政治目标和生活追求。而路易宫廷的礼仪与娱乐，法国式的礼节、仪态与欣赏标准，逐渐传遍欧洲，极大影响了欧洲各国的文化。法国在建筑、绘画、戏剧等方面也将古典主义发扬光大，欧洲各国贵族都以讲法语为荣，这时候的法国真正地影响着欧洲。

> **君主制**由君主（含皇帝、国王、天皇、苏丹、天子等不同称谓）集权统治的政治体制，通常为终身制（指没有任期限制）和世袭制（指由子孙或其他具有血缘关系的亲属继承）。

路易十四对内政策是极度强化王权,对外政策则是扩大法国的疆域并争夺霸权。

在路易十四统治前期,法国出现了经济繁荣局面。而其后在他亲政的 54 年间,法国有 34 年都在战争状态,分别与西班牙、荷兰、德国、英国进行了旷日持久的战争,大量的战争虽然加强了法国的霸权,但是随着树敌过多,各国也开始组成联盟开始抵抗法国,法国逐渐力不从心。

路易十四（1638年—1715年）全名路易·迪厄多内·波旁，在位长达72年110天，是在位时间最长的君主之一，也是有确切记录在世界历史中在位最久的主权国家君主。

1661年，23岁的路易十四继位便开始独揽大权，他向大臣们宣布："此后，我就是我自己的首相。"他自诩为"上帝在人间的代表"，并被廷臣们谀称为"太阳王"，在他亲政的54年中，路易十四从未委任过首相。所有朝中诸事，不分大小，概由他乾纲独断。

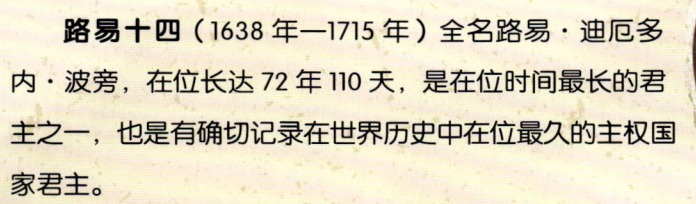

由于路易十四无休止的征战，法国的经济赤字逐步增大，国库也陷入空虚，没钱就想到了征税，而在法国，上层阶级的贵族和教士是无须缴税的，只征收平民的税收，而过重的税收也让平民不堪重负。

路易十四于1715年去世，路易十五继承王位，他没有路易十四的执政能力，却依然执行着绝对君主制，导致法国经济进一步恶化。他发动了几场对外战争，但是基本都没获得胜利，只好割让土地。

1774年，路易十六继位，他接手的法国不再强盛，国库空虚，而人民的赋税已经太重了，国内怨声载道。为了收税，路易十六决定向贵族征税，这一决定将他推向了更大的深渊，这下全国上下，无论贵族还是平民都不再支持他，他成了全国的公敌。

就在路易十六深感绝望之际，法国又频繁遭遇天灾，尤其在1788年7月，法国北部遭遇风暴袭击，死亡了大量人畜，也毁灭了上千平方千米的田地，全国其他地区又普遍遭遇旱灾，这导致农民再无力缴纳繁重的赋税，农民的怒火最终全部指向路易十六。

自此，法国王室已经处于摇摇欲坠之势。

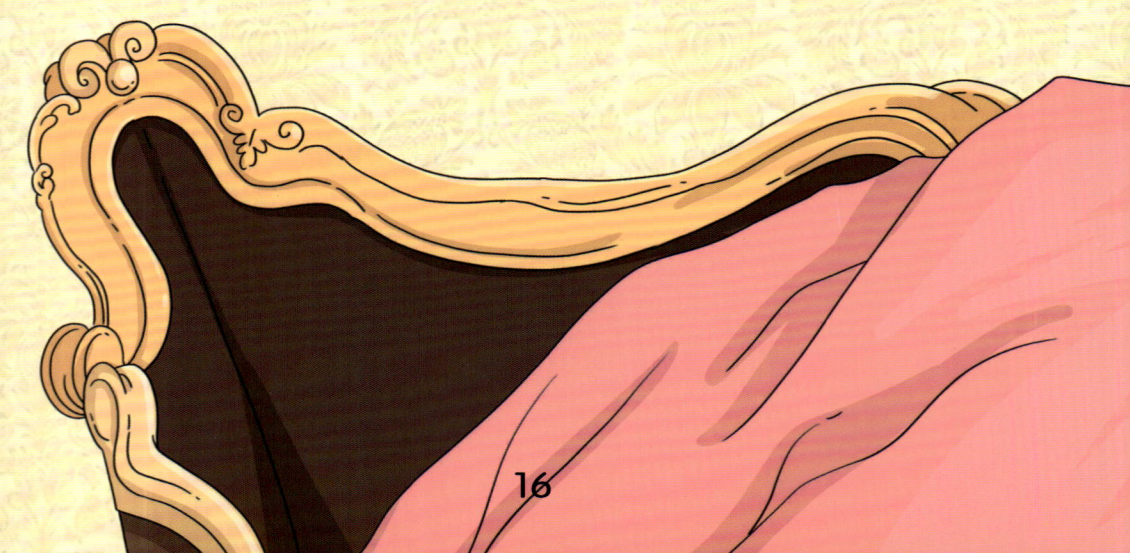

就在路易十六继续秉持着绝对君主制，压榨人民时，一场名为"启蒙运动"的溪流已经在法国流传开来。

为什么会爆发启蒙运动？

在意大利发源的文艺复兴运动让自然科学取得了很大进展，科学家们发现并揭示了许多自然界的奥秘，这令曾经教会那套愚民的学说不攻自破。于是新兴资产阶级和有志民众展开了反对封建专制统治和教会思想束缚的斗争，这场斗争被称为启蒙运动。

在法语中，"启蒙"的原意是"光明"。当时具有先进思想的思想家认为人们处于黑暗之中，应该用理性的光芒驱散黑暗，所以他们通过多种方式批判君主专制与宗教迷信，宣传理性、自由、平等、民主等思想。在现实中，最暗的阴影上，一定有最明亮的光源，法国也是如此，在最为君主专制的国家，却产生了最民主与平等的思想。

法国启蒙思想的作用

伏尔泰等启蒙思想家对封建专制和天主教会的猛烈抨击和对自由、平等思想的宣传，促进了人们的思想解放，为新兴的资产阶级在政治上取代封建贵族提供了有力的支援，促进了欧洲的社会进步。在启蒙思想影响下，法国爆发了大革命，美国爆发独立战争。也促进了亚洲的中国、日本的思想解放。

法国启蒙运动三剑侠

也被称之为法国启蒙运动三杰,指伏尔泰、孟德斯鸠和卢梭。

其中伏尔泰的代表作有《哲学通信》《形而上学论》《路易十四时代》《老实人》等。

孟德斯鸠的代表作有《论法的精神》等;

卢梭的代表作有《忏悔录》《社会契约论》《论人类不平等的起源和基础》等。

启蒙运动的浪潮迅速席卷法国，每个先进思想家都在宣传自己的思想，他们的思想不只在当时影响了世界，也影响至今。

伏尔泰作为启蒙运动的领袖，他反对君主专制，宣传天赋人权，建议依法治国，主张信仰自由，击碎了中世纪的神学压迫。

孟德斯鸠提出"三权分立"学说，反对君主专制，他的三权分立学说直到现在仍为一些国家所使用。

卢梭描绘了新的制度，以社会契约说为主体，宣传天赋人权及革命的合法性，主张"主权在民"，他认为一切权力属于人民，权利的表现和运用必须体现人民的意志，从根本上反对君主的存在，对欧美各国的资产阶级革命产生了深远影响。

还有康德、狄德罗等思想家一起推波助澜，直到1789年发展到第一个峰潮，发布的《人权和公民宣言》中阐明了人们生来自由、法律面前人人平等、私有财产神圣而不可侵犯等原则，这让法国民众沸腾了。

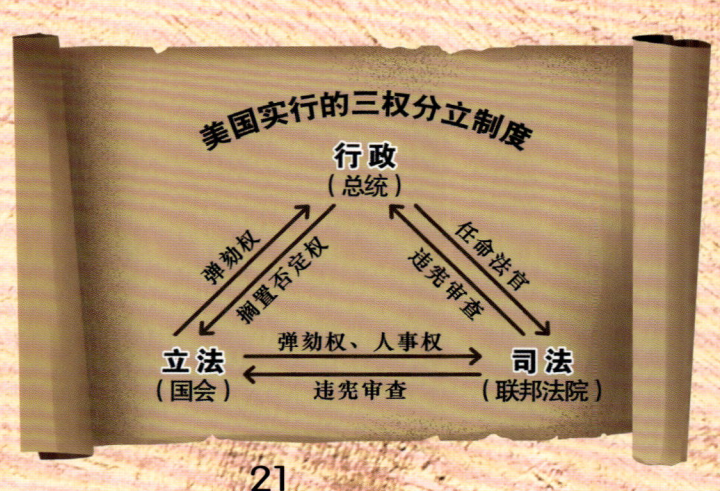

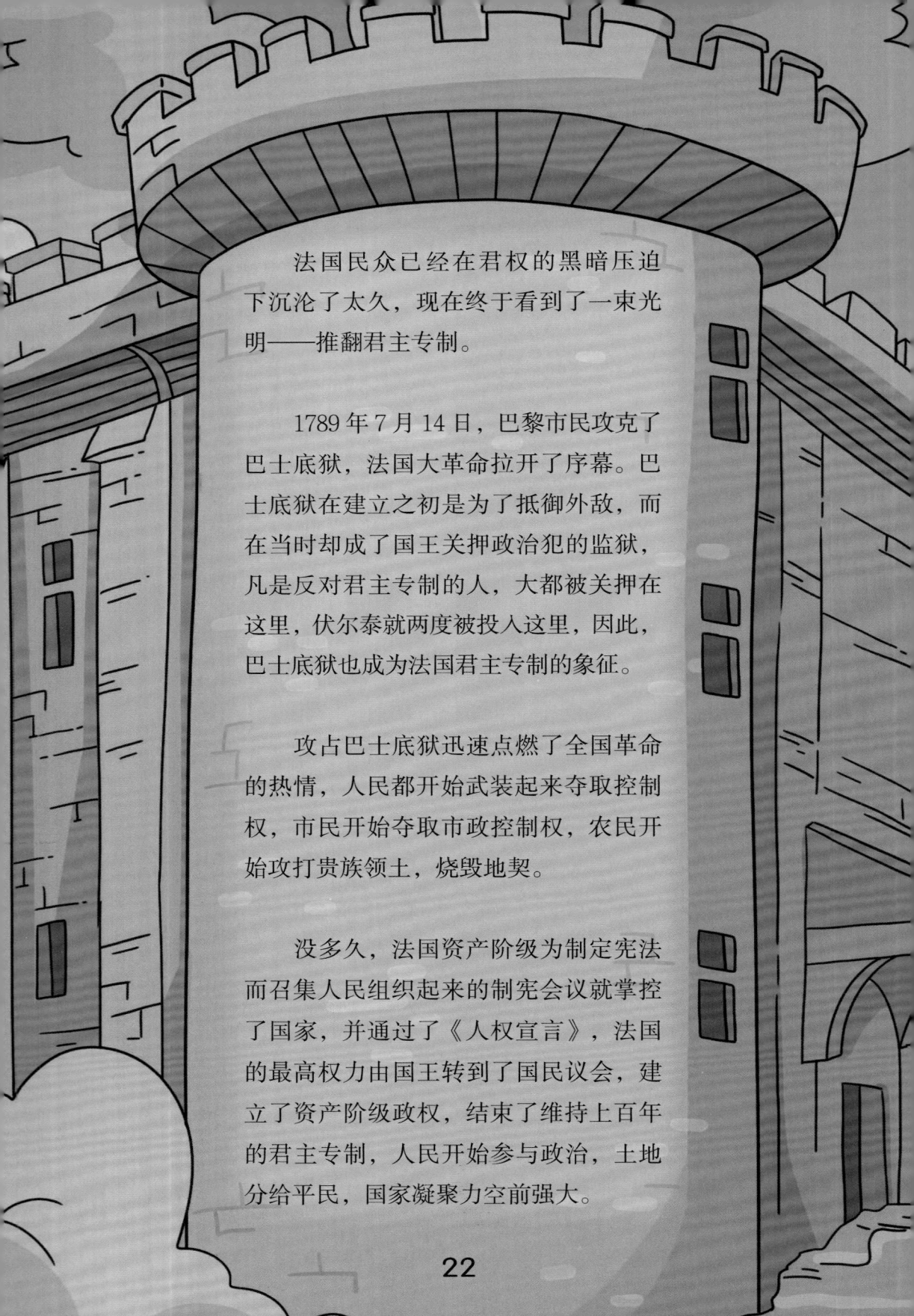

法国民众已经在君权的黑暗压迫下沉沦了太久，现在终于看到了一束光明——推翻君主专制。

1789年7月14日，巴黎市民攻克了巴士底狱，法国大革命拉开了序幕。巴士底狱在建立之初是为了抵御外敌，而在当时却成了国王关押政治犯的监狱，凡是反对君主专制的人，大都被关押在这里，伏尔泰就两度被投入这里，因此，巴士底狱也成为法国君主专制的象征。

攻占巴士底狱迅速点燃了全国革命的热情，人民都开始武装起来夺取控制权，市民开始夺取市政控制权，农民开始攻打贵族领土，烧毁地契。

没多久，法国资产阶级为制定宪法而召集人民组织起来的制宪会议就掌控了国家，并通过了《人权宣言》，法国的最高权力由国王转到了国民议会，建立了资产阶级政权，结束了维持上百年的君主专制，人民开始参与政治，土地分给平民，国家凝聚力空前强大。

法国大革命的背景

1. 启蒙思想的影响;
2. 封建制度束缚了资本主义的发展;
3. 第三等级要求改革;
4. 路易十六的财政危机。

法国大革命的意义

法国大革命摧毁了法国的封建统治,传播了资产阶级自由民主的进步思想,对世界历史的发展有很大影响。是资产阶级革命时代规模最大,影响最深远,最彻底的一次革命,动摇了欧洲封建统治的基础。

1792年9月22日，法兰西第一共和国成立。

1793年，国王路易十六被推上了断头台，在法国持续1000多年的封建制度被废除。欧洲其他各国王室见此情形，都害怕革命蔓延到自己的国家，于是欧洲各国开始组成反法同盟阻挠法国革命，可是面对法国凝聚的民心与庞大的人口，战争并未获取成效。这时候各国开始收买法国人，使法国内部出现背叛者，而法国要肃清背叛者，结果这场肃清运动越搞越大，凡是涉嫌叛变的人都被处决，最终全国大约4万人被杀害，搞得人人自危，巴黎这座革命城市充满了恐怖气息，革命的行动逐步背离了革命的理想。

共和国指实行共和制的国家，与施行君主制的君主国相对。

共和制指国家元首或国家权力机关由选举产生的政治体制，通常有一定任期限制。

在外有强敌，内有乱局之际，1799年11月，拿破仑发动雾月政变，建立执政府。

拿破仑执政后希望法国能获得和平，就向反法同盟提出停战建议，结果均遭拒绝，为了维持法国的大国地位，除了战争，已无其他选择。拿破仑利用反法同盟内部的矛盾，击败奥地利、拉拢俄国、孤立英国，最终迫使英国接受和谈。

拿破仑帝国的意义

维护了法国资产阶级革命成果，打击了封建残余势力，推动了法国以及欧洲资本主义的发展。

战争的胜利使拿破仑在国内的统治地位更为稳固,但是拿破仑的权利欲让他并未止步于此。拿破仑决定再次挑起战争,从1802年8月开始,他逐步将势力扩充到厄尔巴岛、瑞士、德意志等多个国家与地区,并且积极在海外扩充殖民地。拿破仑这一系列霸权行为让英国十分不安,于是英国向法国宣战,而这一次英国并没有组织起同盟,因为其他国家对法国的强大感到恐惧,甚至一些国家还公开追随法国,与英国为敌。这表明欧陆各国已经承认了法国的欧洲霸主地位。

> 我成功,因为我志在成功,未尝踌躇。

尽管欧陆国家已经尽量避免挑战法国的霸权,可是拿破仑在欧洲大陆上永无止境的扩张行为也让欧陆大国几乎无法忍受。

1804年,法国就拿破仑称帝举行全民公投,在投票时,当时法国参与投票的成年男子中有357万人投了赞成票,仅有2569人投了反对票,可以说拿破仑就是全民的信仰,他将法兰西第一共和国改为法兰西第一帝国,民众相信拿破仑代表着法国的希望,能带领法国维护革命成功,恢复秩序,也相信拿破仑可以率领法国征服欧洲。拿破仑称帝后开始加强中央集权,颁布了《法国民法典》,从法律上维护并巩固了资本主义所有制和资产阶级的社会经济秩序,一直影响至今。

拿破仑称帝让欧陆各国君主更为无法接受,这表明了拿破仑已不满足于做法国的最高统治者,而是要做凌驾于欧洲各国君主之上的帝国的皇帝。

面对拿破仑的霸权扩张,欧洲各国只能再次联合在一起组成反法联盟。

在海上,英国海军于1805年10月的特拉法加海战中战胜在数量上超过自己的西班牙、法国海军,法国海军全军覆没,拿破仑占领英国的企图被完全覆灭。但在陆地战役中,法军大获全胜,又一次击碎了反法同盟,建立了一个包括法国本土、意大利半岛、德意志南部部分地区,势力波及西班牙的庞大帝国。

《拿破仑法典》的主要内容

《拿破仑法典》又称《法国民法典》。

这本法典内容除总则外,共3编2281条。

第一编是人法,规定了关于个人和亲属法;第二编是物法,规定了各种财产和所有权及其他物权;第三编是关于取得所有权的各种方法,这一编规定了继承、赠与、遗嘱和夫妻财产制,还规定了债法。

拿破仑的《法国民法典》是资产阶级的第一部民法典,它对后来很多资本主义国家的立法产生了很大影响。

拿破仑知道海战无法击败英国，陆军又不能登陆英国本土，于是决定对英国实施"大陆封锁体系"，禁止一切属于法国的国家与英国进行贸易交易，他希望借此能击垮英国的经济，让英国内乱。他又恩威并施地让俄国、普鲁士、奥地利等国也加入了大陆封锁体系，几乎囊括了欧洲大陆所有国家，这对于英国这样的岛国来说，损失是难以估量的。

英国的日子不好过，法国和加入大陆封锁体系的其他国家也不好过。贸易毕竟是各国都需要的，而且由于英国是最早爆发工业革命的国家，先进的工业品和技术也是俄国等大陆农业国家短缺的，这导致俄国等其他大陆国家对法国更为不满，只是迫于法国强大的武力才选择忍让。

直到法国进攻葡萄牙、西班牙受阻时，欧陆各国在英国的帮助下，又生起了反法之心，其中尤以俄国为重。自从加入大陆封锁体系，俄国商业凋敝，财政也陷入困境，国内怨声载道，俄国最终放弃了大陆封锁。

　　拿破仑面对俄国的"反叛"行为，决心用帝国的铁蹄来粉碎俄国。1812年6月，拿破仑亲率40余万军队大举入侵俄国，然而俄国广袤的面积和恶劣的天气，令法军后勤开始出现问题。9月，法军付出重大代价攻入莫斯科，但是法军面对的是莫斯科的严冬和熟悉气候与地形的俄军。10月，拿破仑被迫下令撤退，俄军开始反扑，到12月法军撤离俄国时，拿破仑的40余万大军只剩下不足3万人，这一仗让法国最引以为傲的武力化为泡沫。

法军落败之际，法国的宿敌英国可不会放弃这样的机会，英国又一次积极组织反法联盟，这时，欧洲其余所有大国看到法国大势已去，也积极加入了反法联盟。

　　在反法联盟的优势兵力面前，法军几乎毫无招架之力，在1813年的莱比锡战役中，拿破仑重新组织的16万法军面对32万的敌军再次遭到重创，法军被迫向本土撤离，而反法联盟继续追打法军，并于1814年3月底进入法国首都巴黎。

1814年4月6日，拿破仑被迫退位，拿破仑帝国彻底覆灭。后来拿破仑虽一度从被流放的岛上潜回，再次称帝，希望东山再起，但不过百日，在滑铁卢战役中再次被反法联军击败，拿破仑的法兰西第一帝国也一去不复返了。

曾经威震欧陆的拿破仑帝国轰然垮台，使法国在强盛之路上开始进入了一个大致从1815年到1848长达30年的退缩时期，它失去了自大革命爆发以来征服的一切地方，战败的法国已差不多重新回到了大革命前的疆界。

滑铁卢战役的过程

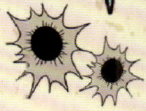

1815年3月，拿破仑由厄尔巴岛返回法国，很快地集结了旧部回到巴黎，重新称帝。3月25日，英、俄、普等国再一次结成反法同盟，组织70万士兵准备进攻巴黎。

拿破仑为各个击破敌军，于6月12日离开巴黎，经过几场战役后，最终在滑铁卢附近与惠灵顿公爵所率领的英、荷、比利时和汉诺威联军进行会战。最终拿破仑战败，法军伤亡约3万人，被俘数千人，拿破仑也于6月22日宣布退位，被流放到大西洋上的圣赫勒拿岛。

　　1848年，法国爆发了二月革命，推翻了政治僵化、外交无能以及造成社会停滞的七月政府，建立了法兰西第二共和国。路易-拿破仑·波拿巴借助恢复国家荣誉的口号以及拿破仑一世侄子的身份获得了旧贵族和大量农民的支持，轻而易举地成为总统。1852年，以恢复其叔叔的帝国事业为目的的路易·波拿巴清除了一切障碍，在大众的山呼声中变成了法兰西第二帝国皇帝。

　　在这位法国第一任民选总统也是最后一任皇帝的领导下，法国的政局经历了一段难得的相对稳定时期，工业革命取得巨大进展，经济也出现了前所未有的腾飞。对外扩张方面，法国联合英国对中国发动"第二次鸦片战争"，控制了柬埔寨和越南的大部分地区，在西非、东非、地中海东岸地区以及大洋洲也大肆拓殖，成为仅次于英国的世界上第二大殖民帝国。

　　但是欧洲大国角逐方面，拿破仑三世则是在一系列虚幻的光环下将法国一步步送进孤立无援的陷阱。因为当时的欧洲政治舞台上，与之周旋的皆是俾斯麦等极为精明且讲求实际的现实主义者。1866年普奥战争后，以普鲁士为核心的德意志统一进程不断加快，威胁到了法国在欧洲的霸权。所以在1870年，法国对普鲁士宣战，但很快拿破仑三世战败被俘，随后法国爆发革命，建立第三共和国。法国进入一段时间的稳定期。

> 为纪念法国大革命胜利100周年，法国政府决定于1889年举办世界博览会。由埃菲尔担任设计师，在巴黎的战神广场建造了**埃菲尔铁塔**。

法兰西第三共和国经过 30 多年的发展后，1914 年，德国挑起的第一次世界大战爆发，尽管法国在战争中获得了最终的胜利，但是胜利的代价却极其沉重，150 万法军士兵在战争中阵亡，人口状况急剧恶化，法郎也因为战争的巨大消耗和战后重建而变得疲软。

法国人因为战争的消耗和伤亡筋疲力尽，退伍军人协会喊出了"决不再战"的口号，而法国政府也一直在压制德国与寻求同德国和解两项政策中不停摇摆。

居里夫人（1867 年—1934 年）全名玛丽·居里，放射性研究的先驱者，世称居里夫人"发现了放射性元素钋（Po）和镭（Ra），成为世界首位两获诺贝尔奖的人。

直至德国的希特勒掌权后,第二次世界大战爆发,法国缺少了曾经的国王路易十四和拿破仑剑指欧洲的勇气,最终在1940年选择了投降德国,法兰西第三共和国也宣告灭亡。

法国政府投降了，但并不是每个法国人都甘愿投降。

法国将军戴高乐不愿意投降，1940年，戴高乐号召组织抵抗运动，并在1944年6月成立了法国临时政府，他团结国内外反德力量与德国继续斗争，在同盟国的配合下，最终于1944年8月25日收复巴黎，紧接着，随着德国的势弱，光复法国全境。

战后的法国依然有着"大国梦"，法国通过多个复兴计划逐步完成工业体系更新，工业生产也迅速增长，在欧洲30年黄金发展期中获得长足发展，人民生活逐渐富裕，但是随着二战后独立运动浪潮开始兴起，大批殖民地逐步脱离法国，选择了独立，法国也再没有成为"超级大国"的潜力。

1945年10月24日 联合国成立，法国成为五个常任理事国之一。

法国虽然再无法称霸世界，但是也并未归于平庸。

1958年开始，由戴高乐执政期间，法国一直奉行独立自主的外交方针；1960年，法国第一颗原子弹试爆成功；1963年，法国同德国恢复邦交，签订友好条约，解决了宿敌；1964年，法国与中国恢复外交关系，成为第一个承认中华人民共和国的西方大国。

在坚持独立自主的外交之外，法国的文化软实力也一直影响着世界。雨果与他的《巴黎圣母院》《悲惨世界》让全世界的人民感受到浓厚的爱国之情，为世界文坛留下宝贵的遗产。巴黎大学毕业的居里夫人为科学的进步竭诚贡献自己的一生。

正是由于法国人这份不屈和追求真理的心，令法国即使不复往日荣光，也是一个在世界范围内举足轻重的国家。

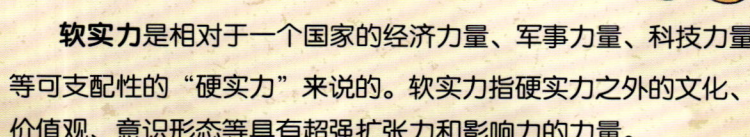

软实力是相对于一个国家的经济力量、军事力量、科技力量等可支配性的"硬实力"来说的。软实力指硬实力之外的文化、价值观、意识形态等具有超强扩张力和影响力的力量。

大国启示

从 17 世纪开始，法国就一直活跃于世界舞台。无论是路易十四的绝对王权制，还是大革命带给世界的影响，或是拿破仑对于欧洲的征服过程，抑或是二战中的快速投降，都是世界历史中不可或缺的一部分，经过大起大落的法国也一直伫立在世界强国之列。

要理解法国的崛起，也许大国的统一、权力的集中以及政治思想制度的创新是其中的关键。但法国留给人们的印象实在是过于纷繁深厚、斑驳庞杂了，这或许是因为法国历史与欧洲和世界的命运犬牙交错而在局部的表层和内涵造成的混淆。

在历史学家看来，理解法国需要超乎其外，入乎其中。所谓超乎其外，就是布罗代尔在《法兰西的特性》中曾引用夏尔·贝居伊的话："观察法国，就要置身法国之外。"或者如布罗代尔自己所说："从蒙巴纳斯塔楼和巴黎圣母院的高处鸟瞰巴黎，并不是为了发现地平线，而是为了展望城市的全貌。所谓入乎其中，就是要找寻法兰西的特性，布罗代尔称之为试图搜索和追踪……这些来自法国历史深层的涌泉，进而判断它们怎样像江河汇入大海一样汇合到现时中来。"作者竭尽全力去探寻了，但是也正如布罗代尔所说，这是一系列的质询，你刚回答完其中的一个问题，新的提问就接踵而至，而且永无止境。

法国简史

公元前1000年 凯尔特人定居高卢。

公元前49年 罗马的凯撒大帝征服高卢。

481年 法兰克人征服高卢,建立墨洛温王朝。

751年 "矮子丕平"废除墨洛温王朝末代国王,建立加洛林王朝。

843年 查理大帝的三个孙子签订分割条约,将法兰克王国一分为三。

987年 路易五世死后无嗣,公爵雨果·卡佩称为国王,建立卡佩王朝。

1328年 卡佩王朝绝嗣,腓力六世建立卢瓦王朝。

1337年 英法"百年战争"开启。

1453年 法国攻占英国在欧洲大陆的最后一个城市加莱,"百年战争"结束。

1589年 亨利三世遇刺身亡,亨利·德·波旁继位,建立波旁王朝。

1789年 法国大革命。

1792年 波旁王朝被民众推翻,法兰西第一共和国成立。

1804年 拿破仑·波拿巴加冕称帝,建立法兰西第一帝国。

1848年 法国二月革命推翻七月王朝,建立法兰西第二共和国,拿破仑·波拿巴的侄子拿破仑三世当选为总统。

1852年 拿破仑三世发动政变,登基称帝,建立法兰西第二帝国。

1870年 普法战争中拿破仑三世被俘,法兰西第二帝国覆灭,法兰西第三共和国成立。

1871年 巴黎工人举行起义,3月28日建立了无产阶级政权巴黎公社,5月28日被镇压失败。

1940年 德国攻占巴黎,法兰西第三共和国宣告结束。

1946年 第二次世界大战中德国战败,法国光复后,成立了法兰西第四共和国。

1958年 法兰西第五共和国成立,戴高乐当选为总统。

图书在版编目（CIP）数据

这就是历史. 5，法国 / 唐晋主编. -- 石家庄 : 河北科学技术出版社，2023.6
　ISBN 978-7-5717-1622-6

　Ⅰ. ①这… Ⅱ. ①唐… Ⅲ. ①世界史－青少年读物②法国－历史－青少年读物 Ⅳ. ①K109②K565.09

中国国家版本馆CIP数据核字(2023)第104459号

这就是历史 . 5，法国
ZHE JIUSHI LISHI 5 FAGUO
唐晋 / 主编

责任编辑：	李　虎
责任校对：	徐艳硕
美术编辑：	张　帆
封面设计：	柒拾叁号
出版发行：	河北科学技术出版社
地　　址：	石家庄市友谊北大街 330 号（邮政编码：050061）
印　　刷：	北京天工印刷有限公司
经　　销：	新华书店
开　　本：	700mm×1000mm　1/16
印　　张：	27
字　　数：	270 千字
版　　次：	2023 年 6 月第 1 版
印　　次：	2023 年 6 月第 1 次印刷
书　　号：	ISBN 978-7-5717-1622-6
定　　价：	270.00 元（全九册）

这就是历史 ６

德国

唐晋
主编

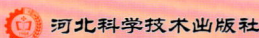

德国概况

德意志联邦共和国（The Federal Republic of Germany，简称德国），位于欧洲中部，国土面积为357582平方千米，比中国云南省小一些，首都是柏林。东部与捷克和波兰为邻，南部与瑞士和奥地利接壤，西部与荷兰、比利时、卢森堡和法国接壤，北部与丹麦接壤。官方语言为德语。

德国的历史一直无法离开两个词——"分裂""统一"，在不断的分裂与追求统一中，产生了坚韧不拔的民族特性。德国曾产生过众多享誉世界的哲学泰斗、文学名宿、艺术奇才和科学巨匠，给人类做出了巨大的贡献，但也数次发动战争，企图称雄欧洲，争霸世界，给欧洲和世界留下了难以愈合的伤痕。

西欧第一长河——莱茵河，在很早之前人类就已经在这片土地生活了，罗马人把莱茵河东岸的各个部落称之为"日耳曼尼亚"，这片地域生活的人也被称为"日耳曼人"。

公元前58年至公元前49年，恺撒率领罗马人第一次越过了莱茵河，攻打了日耳曼部落。由于河流不易跨越，直到公元2世纪，罗马帝国才征服了莱茵河东部地区，在这里推行罗马文化。

恺撒（公元前100年—前44年）全名为盖乌斯·尤利乌斯·恺撒，史称恺撒大帝，罗马帝国的奠基者，扑克牌中的方块K就是以恺撒为原型的。

恺撒征服了高卢全境，还袭击了日耳曼和不列颠。公元前44年，恺撒宣布自己成为罗马的终生"独裁官"，集军政大权于一身，基本完成了由贵族共和制向君主独裁制的过渡，这也引发了许多人的不满，最终遭元老院成员暗杀身亡。

罗马帝国征服了太多地方，导致各地反抗运动十分激烈，到了公元5世纪末期，法兰克人在西罗马帝国灭亡的废墟上建立了一系列国家，其中以法兰克王国最为强盛。

在国王查理曼统治时期，法兰克王国到达了鼎盛，形成东自易北河和多瑙河，南至比利牛斯山和意大利，西起大西洋，北至北海的庞大帝国。然而盛极必衰，公元843年，查理曼的三个孙子签订了《凡尔登条约》，将法兰克王国划分为三部分，庞大的法兰克帝国轰然倒下。

东法兰克王国自独立之初就不大太平，由于地处欧洲的中央地带，且东西两面都没有天然的屏障，外有萨克逊人、诺曼人、马扎尔人等虎视眈眈，内有萨克森、法兰克尼亚、巴伐利亚、士瓦本这些邦国作乱，安全环境极为恶劣。

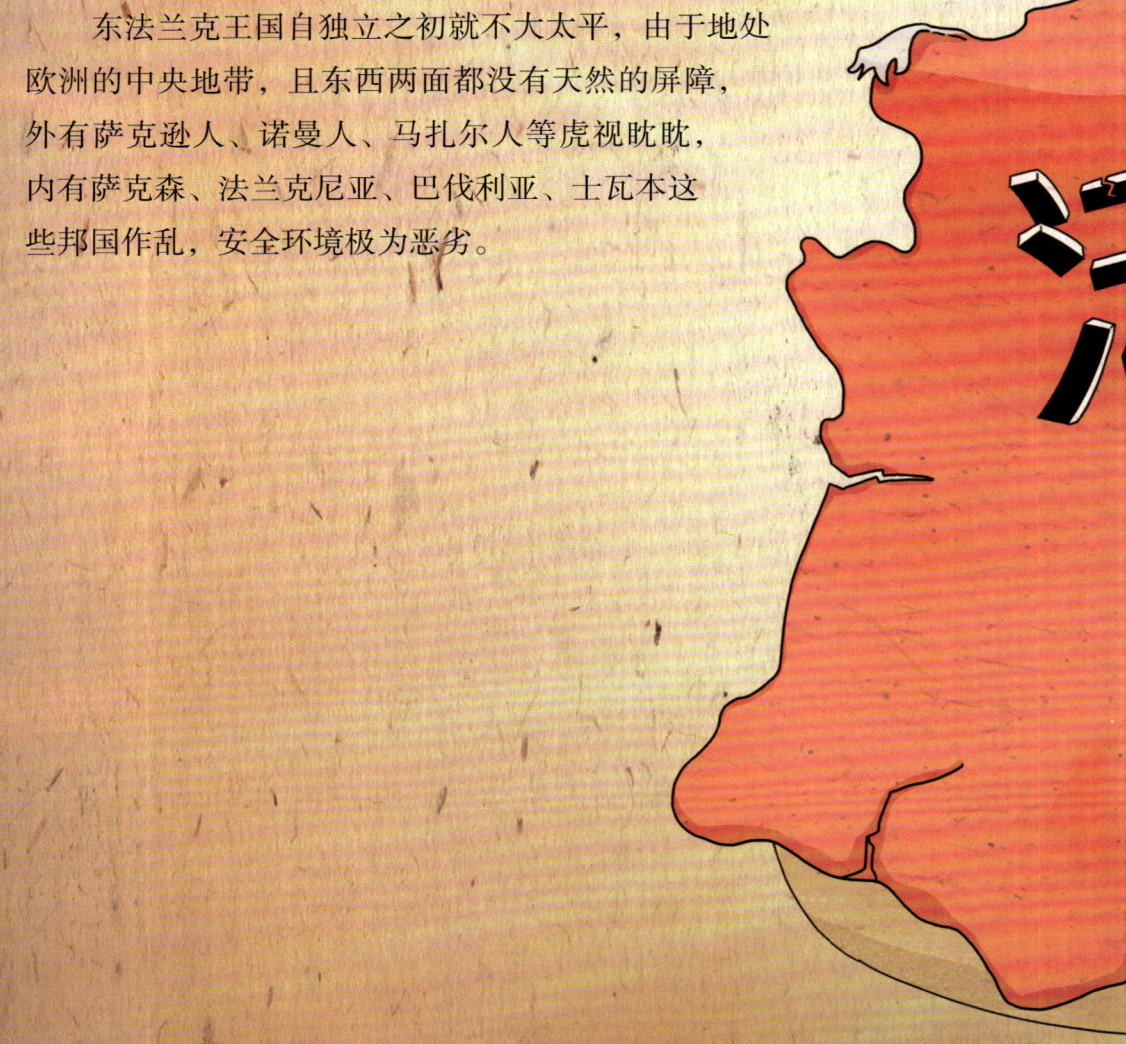

恶劣的环境导致东法兰克王国常年被外敌入侵,同样由于这种严苛的环境,也造成日耳曼人形成追求对外扩张的战略传统。

919年,东法兰克王国改称"德意志王国",在这之后,德国的国王一直尽力巩固和拓展王室的统治疆域,为了制衡国内的大封建领主,国王便开始依靠教廷的力量。

962年,教会与德国王室达成协议,教会支持和服从皇帝,而奥托一世则将管理国家的权力从世俗领主手中转移到教会主教们手中。于是,教皇在罗马圣彼得大教堂为当时的德王奥托一世加冕,并授予他"罗马皇帝"的称号。凭借"神圣罗马帝国皇帝"的名号施压,后续德王通过对外扩张领土与对内压制封建领主,到11世纪上半叶,经过几代国王的努力,德国达到鼎盛时期。

神圣罗马帝国

公元962年,教皇在罗马圣彼得大教堂为萨克森王朝的第二任国王奥托一世加冕,并授予他"罗马皇帝"的称号,1157年,又获得"神圣帝国"的称号,1512年正式使用"德意志民族神圣的罗马帝国"作为官方称号。经过800多年的统治,1806年神圣罗马帝国灭亡。本书中为了方便理解,统称为德国。

在发展过程中，德国为了制衡封建领主，对教廷的依赖导致教廷权力逐步增大，而这无异于饮鸩止渴。因为如果世俗王权与教会神权发生冲突，教会由于其更严密的组织性，危害会比封建领主更大。

到了1073年，喜尔德布兰接任了教皇的宝座，他对世俗权力有着更浓厚的兴趣，在他的领导下，教廷开始与欧洲各国王室争夺最高统治权。德国各地教会封建主纷纷开始支持教皇，王权与教权的争夺耗尽了德国的国力，而各地诸侯的势力和独立性却不断增大，德国的局面变得岌岌可危。

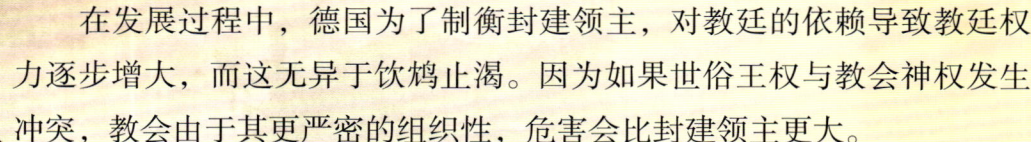

到了公元13世纪，王权在与教权长期斗争后，彻底衰落，诸侯们不再相信中央王权的作用，德国陷入了四分五裂的状态，各个小邦国独立自治。

1254—1273年，德国一直处于"空位时期"，然而这种无政府状态并未持续多久，各地邦国就感受到了压力。此时欧洲其他国家都有着统一的王权，无论是面对他国入侵还是经贸往来，由于各邦国体量太小，都会处于弱势地位，他们决定通过选举的方式代替传统的君主世袭制来选择国王，而由于各个邦国担心太过强大的势力成为国王会对自身权力带来危害，所以每次都推选势力较小的家族当选国王。

因此，此后很长时间的德国国王如走马观花般更换，势力却无法影响到各邦，尽管到了14、15世纪，德国的经济出现了高涨，却始终没有形成统一的民族国家。

高涨的经济并没有给德国带来繁荣,反而让教会崛起。在16世纪初,每年从德国流入教会的财富为30万金币,而当时德国的税收只有1.4万金币,而且德国1/3的土地属于教会财产,德国成了"教皇的奶牛"。

1517年,教会为了搜刮民资,更是大力推行"赎罪券",宣称只要购买了赎罪券,他们已逝亲属的灵魂便可以上天堂,而不购买赎罪券的人死后只能下地狱。信徒都害怕下地狱,所以教会借此获得了源源不断的财富。

神学教授马丁·路德对于购买赎罪券就可以上天堂的说法嗤之以鼻,最终马丁·路德脱离天主教,自创了路德宗,而与他观点相近的人们也纷纷脱离天主教,一同创建了"新教"。随着新教的力量逐渐扩大,在德国境内逐步形成了新教与天主教相互对抗的局面。

宗教对抗逐步扩大，最终德国周边的国家也参与了进来。新教得到了法国、丹麦、瑞典等国的支持，天主教得到了德王、教皇和西班牙的支持。德国两大宗教集团之间的斗争逐渐演变为欧洲两大国际集团之间的对抗，并导致了1618—1648年之间发生的"三十年战争"。

最终法国和瑞典的联军攻入了巴伐利亚，德国战败，签订了《威斯特伐利亚和约》，这份和约让德国失去了大片土地，并要求德王承认德国诸侯在三十年战争中扩张的领土和在自己辖区内独立施政、进行外交活动甚至自由结盟、宣战、和谈等权力，这等于用法律的形式确保了德国的无政府状态，完全巩固了德国政治分裂的局面。

据统计，三十年战争后的德国分裂为314个邦和1475个骑士庄园领地，也就是说，在德国的土地上，总共有1789个拥有主权的独立政权同时存在，他们由于体量太小而身不由己地依附于外国强权。

三十年战争又称"宗教战争"，是历史上第一次全欧洲大战。这场战争是欧洲各国争夺利益以及宗教纠纷激化所导致的，于1618年开始，到1648年结束，欧洲主要国家几乎都卷入了这场战争。

三十年战争给德国带来了惊人的破坏，这里"到处都遭到历史上最没有纪律的暴兵的蹂躏"。战争期间，德国有5/6的乡村被摧毁，人口减少1/3以上，工商业急剧衰退，许多工场、矿山被毁，农民变得一无所有，在饥饿和死亡线上挣扎。

德国分裂的土地上，其中有一个邦国叫普鲁士。

普鲁士一直是一个边陲小邦，经过几百年的发展有了起色，1701年，腓特烈一世加冕，普鲁士王国成立。弗里德里希·威廉一世继任后，他一生都在致力于对普鲁士进行加强君主专制和军国主义的强制改造，他为了维持和加强军队，执政后就削减了王室经费的3/4，用于军队的建设，在他的执政下，普鲁士军队的人数从3.8万扩充到8.3万，并且由于普鲁士士兵服役时间是25年，所以每个士兵都战力不俗。1740年，当他离世的时候，普鲁士拥有了大量的钱财以及当时欧洲最强大的一支军队。

当腓特烈二世接过父亲的王位时，他就开始发动战争，目标是夺取奥地利最富饶的省份西里西亚，在夺取成功后，面对普鲁士强大的军队，即使奥地利联合俄国、法国一同进攻普鲁士，也被普鲁士抵挡了下来。

1771年,普鲁士成为世界上第一个施行强制义务教育的国家。

就在普鲁士走上争霸之路时,法国在拿破仑的带领下突然崛起,开始横扫欧洲。普鲁士也未能幸免于难,但数次参加反法同盟均被击败。

1813年3月,普鲁士再次对法国宣战,普鲁士人民如潮水般应征入伍,拿起武器保卫国家。1815年,反法战争最终获得胜利。

而在之前面对法国的掠夺与压迫,以及即将亡国的灾难时,全部德国人都体会到了无力感,他们开始寻求建立统一的国家用以自保。然而欧洲大国都不愿意看到统一的德国出现。毕竟,一个善战且统一的德国若是存在于欧洲中部地区,对于别的国家都是威胁。最终在双方妥协之下,维也纳会议中,德国各邦组成了德意志邦联。

1806年，拿破仑勒令弗朗茨二世放弃神圣罗马帝国皇帝的尊号，神圣罗马帝国就此解体。

虽然德意志联邦的建立让德国有了统一的前兆，但是联邦对于各个邦国的管辖都很松散。英国起源的工业革命的风吹到了德国的土地，然而由于分裂的原因，即使德国的工业开始有了发展，德国的工业品也由于各个邦国之间设置的重重关税，无法快速流通，更无法和英法这样的先发国家竞争。

这一现状让德国的人民开始想办法，德国经济学家李斯特认为只有统一才能对抗英法，他认为需要以经济统一开始，最终走向政治统一。1819年，李斯特提出了建立德意志关税同盟的建议，取消德意志地区国家之间的关税，同时加强德意志地区国家之间的经济互补。普鲁士认可了他的想法，在普鲁士的主导下，周边小邦纷纷加入进来。

1834年1月1日，德意志关税同盟正式宣告成立，它包括了德国境内18个邦国、2300万人口和3/4的领土。

卡尔·马克思（1818年—1883年），德国思想家、哲学家、革命理论家、社会学家，马克思主义的创始人之一，著有《资本论》《共产主义宣言》等。

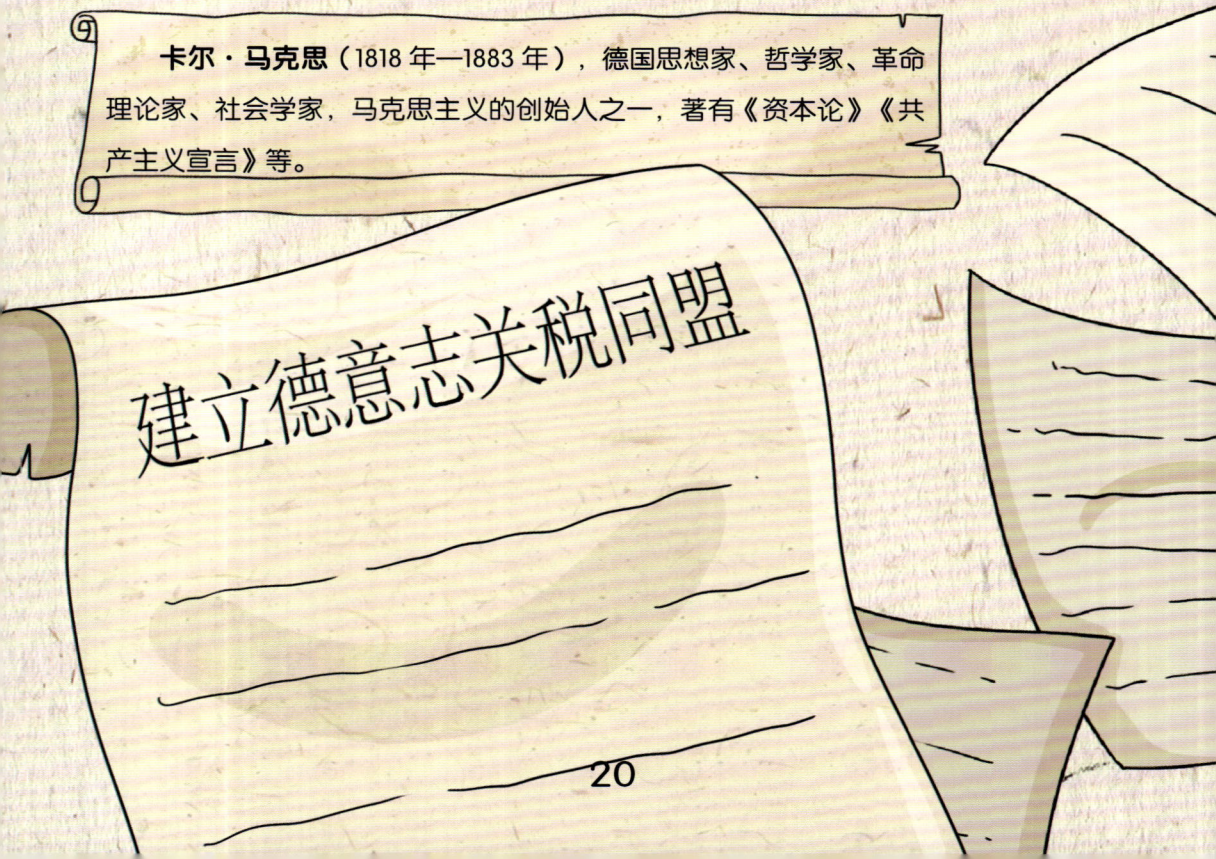

建立德意志关税同盟

关税同盟的建立激发了德国人内心流淌的工业血脉，主导国普鲁士之前对于国民素质的投资也开始有了回报，凭借大量受教育人口，关税同盟成立后，德国工业进入井喷期，到19世纪50年代，德国已经完成了从农业国到工业国的转变。

在1850年—1870年的20年间，德意志联邦的煤产量从670万吨增至3400万吨，生铁产量从21万吨增至139万吨，铁路全长达到2万公里以上，超过了英、法两国的铁路里程。到1870年以后，德国的机器制造业已经超过英国，位居欧洲之冠。

工业的发展让德国的资产阶级力量快速增长，以普鲁士为中心的铁路网也让德国的各个邦国的经济、市场都更紧密地联系在一起了。

工业革命和经济发展逐步成为推动统一的强制力量，这是资产阶级最迫切的需要。

1862年，俾斯麦出任普鲁士首相，他敏锐地察觉到德国的统一之势，他认为经济绑定已经足够深厚，剩下的统一之路只有铁与血才能解决，因此他也被人称为"铁血宰相"，他运用极强的外交能力保证了统一之路上英、俄等国不会插手。

1864年，普鲁士联合奥地利击败丹麦，收回北方被丹麦占领的两个邦国。

1866年，普鲁士击败奥地利，并于1867年建立北德意志邦联。

1870年，普法战争爆发，普鲁士击败法国，德国南部多个邦脱离法国统治，回归德国。

1871年1月18日，普鲁士国王威廉一世在法国凡尔赛宫加冕为德意志帝国皇帝，德国统一大业至此完成。

俾斯麦（1815年—1898年），1862年出任普鲁士首相，执政期间统一了德国。人称"铁血宰相""德国的建筑师"。

俾斯麦出生在勃兰登堡阿尔特马克的一个容克（普鲁士的贵族地主阶级）的家庭，两岁时随家迁往波美拉尼亚的克尼帕霍夫庄园。就其财富和社会地位来说，俾斯麦的家族不是第一流的，但贵族地主的那种专横暴戾作风在他身上却很明显。据说大学期间他曾与人进行过13次决斗。

俾斯麦的母亲来自有名望的资产阶级家庭，给俾斯麦诸多的影响。俾斯麦酷爱语言学和历史学，又在学习中进一步受到了资产阶级的教育和影响，这些都为他日后的政治生涯提供了基础。他所处的时代是新旧社会交替、经济和政治的激烈冲突的时代，所以他了解德意志民族主义的暗潮涌动，并看到了普鲁士或者顺潮流而昌，或者逆潮流而亡的历史命运，最终带领普鲁士统一了德国。

德国统一之后紧紧抓住了第二次工业革命的契机,在短短数十年间,凭借全民教育带来的智力资源,德国经济与工业完成飞跃式增长。

1851年—1900年,在重大科技革新和发明创造方面,德国取得202项成果,超过英法总和,位居全世界第二位。德国的化工产品总产量位居全球第一,德国生产的药品、燃料、应用化学品等售卖全球。1900年,全世界所用燃料的4/5都来自德国,煤炭和钢铁产量也位居欧洲第一。

1910年，德国工业总量超越了欧洲所有国家。1913年，德国经济超越英国，成为仅次于美国的世界第二大经济强国。

俾斯麦型社会保障模式

19世纪70年代开始，俾斯麦还逐步建立了世界上最早的员工、雇主和政府相关联的社会保障模式，包括健康和医疗保险、伤残和养老保险等。这个保障模式也被法国、奥地利等国家争相效仿。

1888年，威廉二世继任，两年后俾斯麦由于与威廉二世政见不合选择了辞职。

威廉二世将原先俾斯麦定下的"大陆政策"推翻，开始向"世界政策"转变。由于这个时期的老牌资本主义国家已经把世界瓜分完毕，作为后起的现代化工业强国，德国并不满足于他们剩下的那一点点世界市场和殖民地，威廉二世和德国大工业家大地主都希望德国从大陆强国变为世界强国。

为了能与其他强国虎口夺食，德国不断增加军事投入，扩大军队规模，普鲁士的军国主义思想重新回归德国，战争成为德国的需求。

人才辈出的德意志

　　18世纪时，德国的启蒙运动兴起，出现了一批优秀的哲学家和思想家，如康德等人。到了俾斯麦时期，推行了非常成功的教育改革，国力也日渐强盛。因此在威廉二世执政期间，德国也涌现出一大批具有世界级影响力的伟人，如哲学家尼采、科学家爱因斯坦、社会学家马克斯·韦伯等。

1914年，萨拉热窝事件发生让德国看到了机会，在德国的推波助澜之下，冲突在一个月内发展成波及整个欧洲乃至全世界的战争。

第一次世界大战的根本原因：帝国主义国家政治经济发展不平衡。
第一次世界大战的导火线：1914年6月28日，萨拉热窝事件。

这场战争就是第一次世界大战，由于工业的发展导致军事技术也有了飞速发展，德国发起的战争并没有想象中的顺利。1914年底，德国在东西两线都陷入了焦灼对峙状态；1915年，德军重点进攻东线，却未能消灭俄军主力；1916年，德军把进攻重点又转回西线，然而却遭遇到"凡尔登绞肉机"的悲惨失败。

"凡尔登绞肉机"

凡尔登战役，1916年，德国把进攻重点转向西线，希望击败法国，在凡尔登进行了大规模会战，此战是典型的阵地战、消耗战，双方伤亡近100万人。由于伤亡惨重，凡尔登战场被称为"绞肉机"。

旷日持久的战争让德国人民的厌战情绪越演越烈。1918年11月9日清晨，柏林起义开始，威廉二世面对汹涌的民意仓皇出逃。11月11日，德国在停战协议上签字，第一次世界大战以德国战败告终。

第一次世界大战的影响

1. 给交战国人民带来深重的灾难，大战涉及30多个国家和地区的15亿人口。
2. 造成了重大的人员伤亡和物质损失。

1919年，魏玛共和国在德意志帝国的废墟上成立，魏玛共和国对内没有改变旧德国的军官团和军队，让德国的军国主义思想并未产生质变。而对外又接下了德国一战战败后赔款的责任，令德国背上巨额的债务，民众生活更加苦不堪言。

在这段危机四伏的时期，一个名叫希特勒的维也纳流浪汉走上了街头，他推崇"血统对血统、种族对种族"的纳粹主义，为了完成"保种保族"的"使命"，他声称要建立一个新型国家，即所谓的"族民共同体"国家。

在希特勒极富煽动性的演说下，德国人开始信仰纳粹主义，加入纳粹党，他们也将希特勒捧上了魏玛共和国总理的宝座。

希特勒就任总理之初，德国纳粹的侵略本性马上就展现出来，魏玛共和国被倾覆，德意志第三帝国成立。

希特勒掌权之后，坚决地退出了世界裁军会议和国际联盟，摆脱了一战战败的束缚，使重整军备的工作公开化，之后又不断进行军事冒险试探别国的反应。

面对其他强国的无动于衷，1939年9月1日清晨，德军未经宣战就全线越过波兰边界，发起闪电突击战。9月3日，英、法两国对德国宣战，第二次世界大战正式拉起帷幕。

德国用不到一个月的时间便征服了波兰全境，而英国、法国和苏联都因为自己国家的利益，对德国的行为视而不见。1940年4月，德国继续行动，相继进攻丹麦、挪威、荷兰、比利时、卢森堡等国，获得胜利后，德国继续进攻法国，结果号称有着欧洲最强大陆军的法国在不到6个月的时间内就惨败而降。

第二次世界大战的标志

1. 全面爆发标志：1939年9月1日，德国突袭波兰，英法被迫对德宣战。
2. 规模扩大的标志：1941年6月德国进攻苏联，苏德战争爆发。
3. 进一步扩大的标志：1941年12月7日，日本偷袭珍珠港，太平洋战争爆发。

无条件投降和有条件投降的区别

无条件投降，就是战败方由于实在无力再战，不提出任何附加条款的投降，所有的条约款项都由获胜方拟定。

有条件投降，是战败方知道战争进行下去会输，但是战胜方获胜也需要付出代价，则可以借此向战胜方提出条件，保证己方的某些权益。

在德国势如破竹的攻势下,欧洲大陆的大部分地区都被德国占领,此时的英国借助海峡,顽强抵抗着德国。德国看短期内无法击败英国,便将战争矛头指向苏联。1941年6月22日,153万德军突入苏联境内,苏联人民奋起抵抗,在1941年10月2日打响的莫斯科保卫战中,歼灭德军50万人和1300多辆坦克,粉碎了德国的入侵意图。

德国的军事行动陷入了停顿,此刻德国只能希望盟友日本来打破僵局。1941年12月8日,日本联合舰队偷袭了美国珍珠港,结果导致美、英两国对日本宣战。1942年1月,美、英、中、苏等26个国家签署了《联合国宣言》,共同对抗以德国为首的法西斯集团。1944年6月6日,美英盟军在诺曼底登陆,突破了德国的"大西洋壁垒"。1945年4月30日,在苏联和美英盟军的两面夹击下,希特勒绝望自杀。5月7日,德国宣布无条件投降。

　　二战过后,由于美、英、法和苏联的社会制度不同,他们在德国建立"柏林墙",将德国分裂为苏联控制的东占区和美、英、法等控制的西占区两个部分,分别推行不同的政治制度、意识形态和价值观念,逐步形成两个不同的经济和政治实体。1949年5月,西占区宣布成立德意志联邦共和国,即联邦德国,简称西德;10月,东占区也宣布成立德意志民主共和国,即民主德国,简称东德。

　　德国的两个国家虽然社会制度不同,但是对于历史过错都没有推卸,他们积极支付战争赔款,也对在二战中受到伤害的国家和民族进行道歉并忏悔,还将战争罪行写入教科书。在德国虔诚的悔过面前,世界各民族对德国的敌意也渐渐消退。

1990年10月3日，在东欧剧变的影响下，德国重归统一。这一天标志着德国进入一个新的阶段。

2015年10月28日，德国当选第70届联合国人权理事会成员。

2018年6月8日，联合国大会选举德国为2019年和2020年安理会非常任理事国。

德国在自身的努力下，加之美国的"马歇尔计划"，也再次实现了经济腾飞，截至2021年，GDP总量仅次于美、中、日三国，再一次成为世界上的重要国家之一。

大国启示

德国特殊的地缘战略环境对德意志民族心理构成的影响无疑是独特、深刻而经久的，而这种民族心理一经形成又对德意志民族的实践活动产生了如此巨大的、广泛而深远的影响，形成了贯穿德国发展历史的一条重要线索。这种独具特色的民族心理不仅为德国的发展提供了强大的刺激和精神动力，而且也由于其自身安全困境而承受的巨大压力，容易产生急于挣脱和改变现实的主观愿望与冲动。所以，我们从历史中看到的常常是一个充满矛盾、在两种极端选择之间变幻摇摆的德国。

在近代世界历史上，无论是被拿破仑分裂到近乎灭亡的程度，还是被两次世界大战洗礼后国运垂危时，德国仍能像不死鸟一样获得重生，并奇迹般地再度崛起，所依靠的也正是由其民族心理而衍生出的这样一种民族精神，一种积极进取的、不屈不挠并且勇于争先的民族再生力。这种民族心理或者精神中所包含的一个重要内容就是争取民族统一和强大的民族亲和力，这一点不仅为德意志民族的历史发展所证实，而且也在德意志民族发展的过程里不断凝练和升华。

德国简史

公元前2世纪后 日耳曼人逐渐形成部落。

2 世 纪 罗马人征服莱茵河东部。

476 年 日耳曼人推翻西罗马帝国。

486 年 法兰克王国建立。

843 年 法兰克王国分裂为东法兰克王国、中法兰克王国和西法兰克王国。

919 年 东法兰克王国改称德意志王国。

962 年 奥托一世加冕,教皇授予其"罗马皇帝"的称号。

1073 年 喜尔德布兰接任教皇,开启了欧洲王权与教权之争。

13 世 纪 德国王权衰落,各小邦国纷纷独立自治,陷入分裂。

1517 年 马丁·路德掀起宗教改革运动,与其他共识人士共同创立"新教"。

1618 年 欧洲各国利益之争和宗教矛盾激化,"三十年战争"开始。

1648 年 "三十年战争"结束,支持"新教"的国家胜利,德国失去大片土地。

1701 年 腓特烈一世加冕为普鲁士王国国王,普鲁士开始崛起。

1806 年 神圣罗马帝国解体。

1815 年 德意志摆脱拿破仑的统治后成立德意志联邦。

1834 年 德意志关税同盟成立。

1870 年 普法战争爆发,普鲁士获胜。

1871 年 威廉一世在法国凡尔赛宫加冕为德意志帝国皇帝,德意志实现统一。

1918 年 第一次世界大战结束,德国战败。

1919 年 魏玛共和国成立。

1933 年 希特勒就任总理后,建立德意志第三帝国。

1945 年 第二次世界大战结束,德国战败。

1949 年 联邦德国和民主德国先后成立,德国分裂。

1990 年 德国重归统一。

图书在版编目（CIP）数据

这就是历史. 6, 德国 / 唐晋主编. -- 石家庄 : 河北科学技术出版社, 2023.6
　　ISBN 978-7-5717-1622-6

Ⅰ. ①这… Ⅱ. ①唐… Ⅲ. ①世界史－青少年读物②德国－历史－青少年读物 Ⅳ. ①K109②K516.09

中国国家版本馆CIP数据核字(2023)第104458号

这就是历史. 6, 德国
ZHE JIUSHI LISHI 6 DEGUO
唐晋 / 主编

责任编辑：	李　虎
责任校对：	徐艳硕
美术编辑：	张　帆
封面设计：	柒拾叁号
出版发行：	河北科学技术出版社
地　　址：	石家庄市友谊北大街330号（邮政编码：050061）
印　　刷：	北京天工印刷有限公司
经　　销：	新华书店
开　　本：	700mm×1000mm　1/16
印　　张：	27
字　　数：	270千字
版　　次：	2023年6月第1版
印　　次：	2023年6月第1次印刷
书　　号：	ISBN 978-7-5717-1622-6
定　　价：	270.00元（全九册）

这就是历史 7

日本

唐晋 主编

河北科学技术出版社

日本概况

　　日本国（Japan，简称日本），意为"日出之国"。位于亚欧大陆东部、太平洋西北部，领土由北海道、本州、四国、九州4个大岛和其他6800多个小岛屿组成，因此也被称为"千岛之国"。由于地处亚欧板块和太平洋板块的交界地带，火山、地震等自然灾害频发。领土陆地面积为37.8万平方公里，比中国云南省稍小一些，首都是东京，官方语言为日语。

　　日本的地理条件并不优越，国土面积小，不仅矿产贫乏，而且经常遭受地震、火山和台风的袭击。日本历史的形成在很大程度上受到地理位置的影响，这一点与英国颇为相似。由于海洋的隔绝，可以自由选择与大陆亲近或隔绝。日本能在西方列强的冲击下，在很短的时间内脱颖而出、后来居上，迅速具备足以同世界强国抗衡的实力，成功实现现代化目标，这其中的精神与方法值得我们细细品味。

约 1.2 万年前，日本进入了绳纹文化时代，这时的日本处于母系氏族社会阶段，以母系血缘为纽带的氏族成员，共同居住在洞穴之中。

天照大神又称太阳女神、天照皇大神等，是日本神话里三贵子之一，高天原的统治者与太阳的神格化，被奉为日本天皇的始祖，也是神道教最高神。

公元前 300 年—公元 250 年，随着从亚洲大陆传入的水稻种植技术与铁制工具的出现，日本进入了弥生时代，技术的进步从根本上改变了日本列岛的文明，农耕为主的生产方式逐步取代了以采集、狩猎、捕捞为主的自然经济。农耕让人们开始大量聚集，形成了最原始的部落和国家。

绳纹文化因为当时人们制作的陶器表面大多有绳纹状花纹而得名。

到 3 世纪末期，日本兴起了一个名叫大和国的国家，其国民宣称日本众神的最高统帅是天照大神，而天照大神的后裔彦火火出见尊征战多年，建立了大和国，由于是遵照天命成为皇帝，所以名为"天皇"，凭借政教合一的宣传，经过接近一个世纪的征伐，大和国基本统一了日本国土。

日本的三神器传说为天照大神赐给其后人的，分别是：**八尺琼勾玉、八尺神镜和草薙剑**。

统一后的日本急需找寻发展方向，而隔海相望并且是亚洲最富裕的国家的中国就成了最好的老师。

3世纪末期，中国的儒学思想和佛教文化先后传入日本，对日本的文化起到了启蒙作用。

7世纪，中国唐朝的经济文化空前繁荣，这令日本羡慕不已，日本朝野上下对中华文明更加向往，出现了全面模仿唐朝的热潮。在公元630—894年间，日本共向中国唐朝派遣了十几次遣唐使，他们涵盖了当时日本外交、科技、艺术、宗教、军事等各方面的优秀人才，这批人把从唐朝学到的先进文化和技术带回日本，对日本的政治制度、法律、宗教、教育、文学、艺术、历法以及衣食风俗等各方面都产生了重大影响。他们将穿唐服、品香茶定为时尚，还喜欢唐朝人喜欢的马球、相扑、围棋等体育活动。

为什么日本要向中国派遣使团？

为了学习中国文化，从607年开始，日本的圣德太子就前后5次向中国派遣了使团，因为此时正值中国的隋朝时期，所以被称为遣隋使。630年，日本的舒明天皇向中国唐朝派出了一批使团，来学习中国的律令制度、文化艺术和科学技术等，称为遣唐使。这些使团带回去的中国文化，对日本社会各方面的发展都产生了重要影响。

随着被中国文化不断启迪,日本文化也开始有了进步,融合自身特色形成了属于日本的"国风文化"。

《万叶集》是日本最早的诗歌总集,收集了4世纪至8世纪中叶日本流传的4500多首长短和歌,在日本的地位大致相当于《诗经》在中国的地位。

日本不只学习中国的文化，就连政治制度也照搬不误，最终经过学习与改革，形成以天皇制为核心的中央集权的封建国家体制，以唐朝三省六部制和郡县制为蓝本的中央官制和国、郡、县三级地方行政体系，以均田制为蓝本的"班田收授法"，以府兵制为蓝本的"防人制"军事体制和以唐律为蓝本的律令体系。

　　当然，没有一个政治制度是完美的，如同唐朝最终被藩镇割据后四分五裂覆灭一般，日本从9世纪中叶开始，地方势力逐步增强，也进入了军阀混战时期。

　　经过两个世纪的斗争，源赖朝再次统一全国。1192年，源赖朝被封为征夷大将军，建立以镰仓幕府为全国政治中心的幕府时代。由于日本民众对于天皇的信仰，幕府并不敢直接废除天皇，而是以天皇号令天下。

班田收授法的具体内容

　　班田收授法又称班田制。是日本在7世纪中叶到10世纪初的土地制度。规定政府每6年编造户籍，授予年满6岁公民土地：男子每人2段（约合11.9公亩），女子为男子的三分之二，私奴婢各为男女的三分之一，授予户主。这个土地终生使用，死后收回。农民需按照土地所有量缴纳赋税或进行徭役。

幕府 原指古代将领所住帐篷，因为将帅出征时住的都是帐幕。在日本，幕府演变成一种特有国情下的集权机构，其权力一度凌驾于天皇之上。幕府的最高权力者被称为征夷大将军或幕府将军。

镰仓幕府依靠武力掌权日本，所以武士就成为幕府最为看重的统治支柱，这些武士享有幕府将军赏赐的土地，但是不参与耕作劳动，平时的生活费用也由幕府分担，武士对将军尽忠。在镰仓幕府期间，皇室逐步没落，而武士阶层则得到了前所未有的发展。

　　天皇当然不能容忍自己的权力被幕府取代，伴随着镰仓幕府统治出现问题，后醍醐天皇抓住机会，消灭了镰仓幕府，开始恢复皇权，推行新政。而新政并不能满足武士的贪婪之心，于是足利尊氏胁迫醍醐天皇退位，让新天皇光明天皇册封他为征夷大将军，建立了室町幕府，形成北朝。后醍醐天皇退位后逃至大和的吉野，建立了南朝，至此，日本进入南北朝分裂时期。

　　南北朝以后，由于政权不统一，日本内乱不断，纷争频发，进入了战国时期。

1573年，织田信长击败了室町幕府，并将室町幕府末代将军足利义昭从京都放逐，至此，室町幕府灭亡。

织田信长开始了统一日本的征程，而统一还没有完成时，1582年，织田信长被手下叛徒暗杀，织田信长的势力陷入混乱，他旗下两个部将羽柴秀吉和德川家康为了争权而爆发会战，最终由于双方都无法击败对方，选择了和解并结为同盟。

1590年，接受天皇赐姓丰臣的羽柴秀吉基本统一日本。此时的丰臣秀吉上得天皇宠幸，下得武士仰慕，膨胀之下已经不满足于日本这几个岛，跨出了对外侵略扩张的脚步。

他于1592年、1597年两次出兵朝鲜，挑战中国，结果均铩羽而归。两次战争的惨败，让丰臣秀吉一生功业化为乌有，最终在1598年郁郁而终。

丰臣秀吉一生强于内政而输于外交。在日本战略能力还很低下的情况下，就妄图侵占朝鲜、占领中国，进而实现称霸亚洲的战略目标，这种目标选择与现实能力的严重不符必然导致失败的结局。可惜的是，日本人并未能从秀吉的失败中真正吸取教训。

日本战国时代的三杰指织田信长（1534年—1582年）、丰臣秀吉（1537年—1598年）、德川家康（1543年—1616年）三人，这三个人结束了日本的战国时代，奠定了日本统一的基础。

日本的大名大致上相当于中国古代的诸侯，不同时代定义也会有所不同，但一般都可以理解为对统领一地的封建领主的称呼。

1603年，德川家康接替丰臣秀吉成为新的掌权者，建立了德川幕府。

为了强化幕府统治，德川家康把全国四分之一的土地作为幕府的直辖领地，将剩余四分之三的土地分别交给260多个"大名"支配，而大名为了稳固自己地位，又养了很多世袭武士，日本形成以武士阶层为核心的封建等级制度。

此时的世界已经有了跨越式发展，随着欧洲人广泛开展航海贸易，全世界都开始有了连接，日本自然不能避免，但是来自欧洲的贸易给日本带来的不只是商品，也带来了许多传教士，这让幕府感到害怕。

出于对西方宗教的担忧和畏惧，从1633年2月到1639年7月，德川幕府连下五道"锁国令"，从开始单纯以禁教为目的最终发展到全面的闭关锁国。凭借日本列岛四面环海的地理条件，日本彻底与世隔绝。

闭关锁国对国家有什么影响？

关闭关口，封锁国境，禁止与外界接触，严格限制对外的文化、经济、科技等交流。闭关锁国在一定时期内可以抵抗外部势力的影响和掠夺，但长期推行会造成国家逐渐落后于世界，因为缺乏与外界的交流也会加剧矛盾冲突。

19世纪中叶，历经200多年锁国政策的日本仍旧是一个落后的封建农业国，而这时的西方世界已经发生了翻天覆地的变化，迅速崛起的西方列强早已将东方国家远远甩在身后。

1840年，鸦片战争爆发，英国将当时的中国清朝击败，逼迫清朝签订了丧权辱国的《南京条约》。日本看到这场景举国震惊，毕竟在日本人眼里，中国是无敌的这一思想已经存在了上千年。中国的惨败让日本充分认识到西方列强的威力和锁国政策的局限。于是日本赶忙开始寻求救亡图存的良方，开始加强武备。

然而，西方列强并不会给日本改革的时间。

1853年6月，多年要求通商未果的美国忍不了了，决定以武力敲开日本的国门。美国政府委派司令官马休·佩里率领4艘军舰闯入了日本浦贺港。佩里提交国书时告知，如果不受理国书，舰队就会选择开战。由于美国军舰船身漆成黑色，以蒸汽为动力，冒着黑烟，因此佩里扣关事件也被称为"黑船事件"。

面对美国的武力威胁，日本只好打开国门，与美国签订了《日美亲善条约》。之后，英、俄、法、荷等国也竞相涌来，与日本签订了各国的通商条约。至此，日本彻底告别了锁国时代。

开国之前的日本，虽然幕府是全国最高权力机关，但各地方的藩镇势力自治权很高。而开国之初的日本，幕府的昏庸无能以及一系列不平等条约的签订，令原本被幕府及武士压迫的农民更为不满，这时各地的藩镇势力见此机会不容错过，组织农民纷纷起义。

这群藩镇势力先是以"尊王攘夷"的名义开始闹革命，希望改革幕府政治的落后状况，而幕府并不愿意改革，选择镇压革命派。这导致反抗更为激烈，最终各地藩镇势力发动了"倒幕运动"，决定推翻幕府。

藩镇势力各自为阵肯定打不过幕府，他们选择支持天皇。在天皇的带领下，幕府逐步落败，1867年，德川幕府宣布还政天皇，日本彻底结束了延续700多年的幕府统治。

1868年9月8日,日本新政府改年号为"明治",开始施行"明治维新"。

天皇又一次接手了国家权力,在见识了西方列强的武力之后,他知道只有实力和强权才能让日本崛起。

首先就是将藩镇割据的力量收回，实现中央集权。

其次是统一全国的货币，废除各地设置的关卡，让国内经济开始流通。

再然后做的就是土地改革，使更多农民成为土地的所有者，提高了农民的生产积极性。

最后做的就是解决各地武士力量。这也是最难的一步，明治初年，日本约有武士40万户，武士连同家属有近200万人，每年支付给武士的薪俸约占政府财政的30%，而这群武士又不创造价值，直接断了武士的收入，又担心武士造反，于是明治天皇执行了一个迂回政策，实行"金禄公债"制度，就是废除武士薪俸后，再给予一笔赔偿，这样武士反抗力量并不能集中，最终解决了武士阶层。

总之，明治政府用了10年左右的时间，基本实现了对封建幕府体制的改革，国内面貌焕然一新。

明治政府对国家政权的掌控能力逐步恢复,但是如何成为强国却让日本头疼,最终他们想起了老传统——出国学习。曾经的日本学习了中国上千年,而现在他们开始学习西方。

1871年12月23日,日本组织了以太政大臣岩仓具视为特命全权大使的使节团,登上了美国公司的轮船。岩仓使节团的成员几乎涉及日本政府机构的每个重要部门,他们先后访问了美国、英国、法国、比利时、荷兰、奥地利、德国、俄国、丹麦、意大利、瑞士、瑞典等12个国家,历时22个月。

岩仓使节团考察后回国,整理了大量欧美的资料,令明治政府的领导层开阔了眼界,从而找到了适合日本自身条件的发展方式。

日本第一任首相伊藤博文,效仿德国为日本建立了一套立宪制度,日本明治宪法之父。他曾先后四次出任日本首相,任内发动了中日甲午海战。1909年,伊藤博文在哈尔滨被朝鲜爱国义士安重根刺杀身亡。

日本明治维新主要内容

1. 政治方面:"废藩置县",加强中央集权。
2. 经济方面,允许土地买卖;引进西方技术,鼓励发展近代工业。
3. 社会生活方面,提倡"文明开化",即向欧美学习,努力发展教育。

首先解决的是文明开化的问题，从德国崛起的经验中，日本明白了教育的重要性。1872年，日本开始实行义务教育制，经过长期发展，1908年，日本小学的入学率已达97.8%。

　　对教育的重视也使日本新闻出版业实现了蓬勃发展，到1912年时，日本发行的报纸杂志达到2227种，大量的知识推动了日本国民整体文化水平的提高。

　　在明治时期，学习西方的生活习惯也成为日本贵族的日常，他们热衷于穿上西式服装参加为西洋客人举办的舞会。

　　就在日本全面西化时，西方文明的大量引进引起了保守势力的担忧，他们提出加强"忠孝仁义"教育的主张，天皇为了便于统治，也同意了这个提议。日本学校里开始大量进行忠君宣传，让日本人从少年时期就接受忠君思想，效忠天皇。

　　总之，对西方的全面学习让日本从知识上和技术上有了进步，但是在思想的某些方面，封建落后的种子并未完全根除。

文明开化后，导致西方强大的核心——工业，自然不会被日本忽略。

　　提升工业能力需要原始启动资金，这时的日本并没有能力像欧洲国家一样侵略与建立殖民地，而日本国土资源贫瘠，生产力也薄弱，只能从国内人口身上想办法。日本普通民众的日子不好过，于是日本政府组织民众去往全世界打工，用人力赚取别国的金钱，国内再节衣缩食，节约开支。

就这样,日本有了起始资本,开始从欧美先进国家引进技术、设备、聘请专家和派出留学生,并且购买机器、采购原材料,再加工成产品出口,迅速提高了本国的工农业生产水平。到了19世纪90年代,日本已经实现了轻工业的工业化。

文明开化与工业化都有了进展，日本开启了一个国家强大最关键的一步——强兵。在日本看来，要想国家成为强国，军队建设是最要紧的任务。

在认真研究对比西方列强兵制的基础上，日本陆军采用了法国体制，海军则采用了英国体制。1873年，日本颁布《征兵令》，开始实行近代意义上的全民义务兵役制，这使日本建立起一支兵源充足且效忠天皇的常备军。日本还建立专业军校，聘请外籍教官负责培训，提升了军人素质，并且大规模购买及仿造先进武器装备。

至此，有了文明、工业、军队的日本开始走向世界。

明治维新对日本的意义是什么?

明治维新使日本从一个闭关锁国的封建国家,逐步转变为资本主义国家,摆脱了沦为半殖民地国家的命运,是日本历史的重大转折点。

有强大的军队作为后盾，以西方为师的日本自然也学到了西方列强崛起的精髓——侵略扩张。日本侵略的最重要目标就是强盛了上千年，而在那时陷入低迷的中国。

1874年，日本出兵侵略中国台湾，逼迫清政府签订了《北京专约》，获得了对琉球的实际统治和50万两白银。

尝到甜头的日本更加肆无忌惮，1876年，为方便日后通过朝鲜作为跳板侵略中国，日本决定侵略朝鲜。虽然最终被朝鲜和中国联合打退，但是日本的野心并没有收敛，而是更加肆意扩军。通过10多年的积累，到甲午海战之前，日本的军费开支占财政总预算的40%，建立了一支强大的军队。

甲午海战的结果和影响

19世纪末日本侵略中国和朝鲜的战争，因战争开始的1894年为甲午年，故称甲午战争。当时参与战争的清军有63万人，而日军只有24万人，最终清军阵亡3万余人，日军仅阵亡1000余人。经此一役，清政府腐朽本质展现在世界面前，日本也迅速崛起。

这时的日本并没有必胜的把握,但是如若再不发动战争,日本的经济将被军队拖垮,终于,在1894年7月25日,日本对中国和朝鲜不宣而战,揭开甲午海战的序幕,开始了押上国家命运的"豪赌"。最终日本赌赢了,1895年,甲午战争结束,日本通过与清政府签订的《马关条约》,获得了朝鲜和中国台湾岛及其附属岛屿、澎湖列岛,向中国索取2.3亿两白银的巨额赔偿,以及进入中国掠夺的机会。

通过甲午海战,日本的国家实力大增。

甲午海战的胜利让日本陷入了狂欢，依靠清政府给予的赔款，日本的经济实力与军事实力更是实现了飞跃。

国力的提升让日本侵略野心更为膨胀，妄图称霸东亚，通过朝鲜进入中国东北地区进而占领全中国是日本定下的国策。但是此时的中国东北还有一股势力不容小觑，那就是沙皇俄国，俄国也想占领中国东北，在这里调集了大量军队。

1904年，经过长期备战的日本决定对俄开战。2月8日夜间，日本海军发动了对俄国的偷袭，迅速获得了制海权。5月，日本陆军登陆中国领土，经过10个月的激战，最终以伤亡近15万人的代价获得了胜利，成功占领了中国的辽东半岛和俄国库页岛的南部。

至此，日本开创了世界近代史上东方人第一次打败西方人的先例，开始跻身争夺亚洲乃至世界霸权的列强行列之中。

获得了中国东北部分地区的日本采用怀柔政策，缓解民族矛盾，消磨民众的反抗意志，同时通过对中国政府施加影响，扶植傀儡和军阀代理人，为发动更大规模的侵略战争积蓄力量。

1914年，第一次世界大战爆发，日本看到了"天赐良机"，趁欧美列强忙于应付欧洲战事，无暇顾及东方之时，日本在远东和太平洋大肆扩张，夺取了大量殖民地，并且趁着欧洲战时经济萧条、物资供应紧缺之时，大量高价出口物资获取战争财。

一战以后，日本工业迅猛发展，到1918年，造船总量比战前增加6倍，从战前的世界第6位上升至世界第3位，而造船业又带动了钢铁、电力等工业的发展，战后的日本空前强大。

1923年9月1日，一场自然灾害打断了日本发展的势头，东京一带发生了7.9级大地震，地震引发的火灾和海啸将东京和横滨变成了一片废墟。这场灾难造成日本财政损失达55亿日元，相当于当时日本两年半的财政收入，受灾人口高达340万。为了救灾和重建，日本大量借债，经济走向低迷。而到了1929年，世界经济危机又席卷了日本，令日本经济雪上加霜，失业工人高达300万，三分之二的农民失去了土地。

为了摆脱经济危机并且转移内部矛盾，日本再次发动了对中国的侵略。

1931年9月18日，日军突然袭击沈阳，发动侵华战争，这就是九一八事变。在中国东北军不抵抗策略面前，日本很快占领了中国东北全境，并建立了"伪满洲国"的傀儡政权。

九一八事变之后，中国开始了长达14年的抗日战争。

为什么日本又被称为"地震国"和"火山国"？

日本处于亚欧板块和太平洋板块的交界挤压地带，地壳活动频繁，因此多火山和地震。其中日本最高山富士山就是一座活火山，"富士"发音来源于日本少数民族的语言，意为"火之山"或"火神"。

1937年，日本以"七七事变"和"八一三事变"为开端，向中国发起了全面战争，扬言3个月灭亡中国，由此走上"大东亚共荣圈"的创建之路，并与德国、意大利结为同盟，发动了第二次世界大战。

然而日本的侵略激发了中华民族的巨大潜能，为了挽救民族，千百万中华儿女展开了艰苦卓绝的抗战。到1941年，日本眼见陷入无法速胜中国，而国内资源已然濒临枯竭的境地，为了阻止美国参战，日本对美国珍珠港发动了偷袭。然而日本终究低估了美国的参战决心，美国对日本宣战，在中美苏等国的联手下，日本帝国主义走向灭亡。1945年9月2日，日本签署投降书。

第二次世界大战结束的标志性事件，就是日本政府代表在美国的"密苏里"号战舰的甲板上签署无条件投降书。

中国全面抗日战争的起点

七七事变又称卢沟桥事变,是日本全面侵华战争的开始。1937年7月7日夜,卢沟桥的日本驻军在未通知中国的情况下,在中国驻军阵地附近举行军事演习,并诡称有一名日军士兵失踪,要求进入宛平城搜查,被宛平城的中国驻军拒绝后恼羞成怒,从卢沟桥向宛平城发起进攻。

自此,中国全面抗日战争拉开了序幕。

日本投降以后，国民生产能力迅速衰落，国家陷入崩溃边缘。

随着中国共产党击败美国支持的国民党，东亚局势发生变动，社会主义阵线成立。美国希望日本能成为自己的远东桥头堡，用以牵制苏联，并遏制社会主义思想的传播。所以美国先是修订了日本宪法，让日本失去了很多正常国家的权力，然后大力扶持日本经济发展。

在美国的扶持下，再加上日本自身的努力，日本经济迅速恢复，到了2021年，日本GDP（国民生产总值）仅次于美、中两国，位居世界第三。

二战后日本崛起的主要原因

1. 美国进行社会改革，推行非军事化政策。
2. 美国扶持日本。
3. 制定了适当的经济政策。
4. 引进最新的科学技术成就，发展教育和科学技术。
5. 实行"科技立国"的政策。

大国启示

近代日本的崛起反映出日本民族良好的应变性与变革意识。特别是在外强入侵的危机面前,日本的领导层往往能正视地缘上和传统制度中的不足,勇于割除积弊,积极接受新事物,从而形成一股自上而下的废旧出新的强大推动力量,这是日本战略文化的突出优点,也是日本大战略的成功之处。但在自身变革成功之后,日本民族传统的优越性与危机意识的矛盾结合又会再度打破维持战略目的与手段平衡的理性思维,从而引导日本走向歧途。

日本历来是一个喜欢与强者为伍的国度。面对中国强势时,就来学习中国,面对欧洲强势时,就去学习欧洲。但是,脱亚入欧的观念既推动着近代日本实现了成为亚洲乃至世界强国的梦想,也使日本逐渐偏离和平发展的目标,逐渐走向以邻为壑、侵略扩张的帝国主义侵略之路。

然而,无论如何,日本是第一个受到强烈的异质文明冲击而开始现代化,并大体取得成功的国家,也是第一个基本实现了现代化目标的亚洲国家。其中的成功经验如同日本速兴骤亡的历史所给予我们的教训一样,都是值得我们深入研究和借鉴的宝贵财富。

日本简史

公元前 12000 年	新石器时代的绳纹文化时代。
公元前 300 年	使用陶器的弥生时代。
3 世纪末期	大和国兴起。
5 世纪初	大和国基本统一日本。
607 年	圣德太子派出第一批遣隋使。
630 年	舒明天皇派出第一批遣唐使。
645 年	大化改新开始,之后大和国正式改名日本。
1192 年	源赖朝建立镰仓幕府。
1336 年	足利尊氏建立室町幕府,拥立光明天皇,被称为"北朝";后醍醐天皇则逃往吉野,被称为"南朝"。
1392 年	日本南北朝统一。
1467 年	应仁之乱,日本战国时代开启。
1603 年	德川家康建立德川幕府。
1853 年	黑船事件,美国舰队威逼日本打开国门。
1868 年	明治维新。
1894 年	中日甲午海战。
1904 年	日俄战争爆发,日本最终取得胜利,占领了中国的辽东半岛。
1931 年	日本在中国挑起九·一八事变,侵占中国东北,中国开始抗日战争。
1937 年	七七事变,拉开了中国全面抗日战争的序幕。
1941 年	日本偷袭珍珠港。
1945 年	日本宣布无条件投降,二战结束。
1947 年	美国监督日本修订宪法,限制日本发展军事力量和对外扩张。

图书在版编目（CIP）数据

这就是历史. 7, 日本 / 唐晋主编. -- 石家庄 : 河北科学技术出版社，2023.6
 ISBN 978-7-5717-1622-6

Ⅰ.①这… Ⅱ.①唐… Ⅲ.①世界史－青少年读物②日本－历史－青少年读物 Ⅳ.①K109②K313.09

中国国家版本馆CIP数据核字(2023)第104457号

这就是历史 . 7, 日本
ZHE JIUSHI LISHI 7 RIBEN

唐晋 / 主编

责任编辑：	李　虎
责任校对：	徐艳硕
美术编辑：	张　帆
封面设计：	柒拾叁号
出版发行：	河北科学技术出版社
地　　址：	石家庄市友谊北大街330号（邮政编码：050061）
印　　刷：	北京天工印刷有限公司
经　　销：	新华书店
开　　本：	700mm×1000mm　1/16
印　　张：	27
字　　数：	270千字
版　　次：	2023年6月第1版
印　　次：	2023年6月第1次印刷
书　　号：	ISBN 978-7-5717-1622-6
定　　价：	270.00元（全九册）

这就是历史 ⑧

俄罗斯

唐晋 主编

河北科学技术出版社

俄罗斯概况

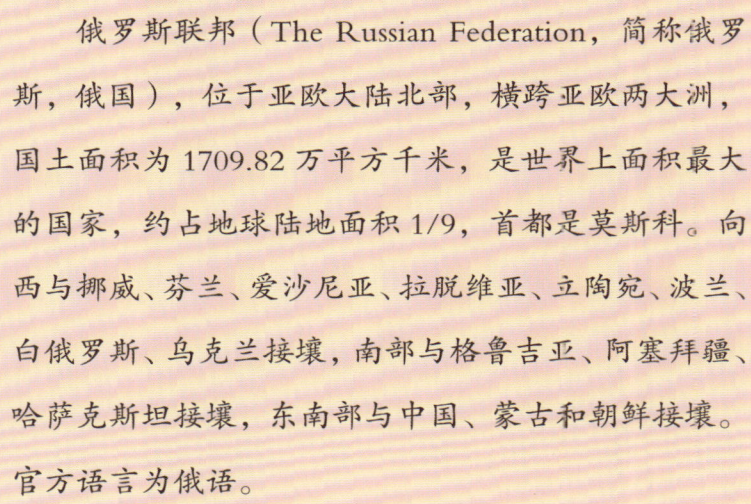

　　俄罗斯联邦（The Russian Federation，简称俄罗斯，俄国），位于亚欧大陆北部，横跨亚欧两大洲，国土面积为1709.82万平方千米，是世界上面积最大的国家，约占地球陆地面积1/9，首都是莫斯科。向西与挪威、芬兰、爱沙尼亚、拉脱维亚、立陶宛、波兰、白俄罗斯、乌克兰接壤，南部与格鲁吉亚、阿塞拜疆、哈萨克斯坦接壤，东南部与中国、蒙古和朝鲜接壤。官方语言为俄语。

　　俄罗斯的历史就是一部扩张史，由于地处地球最北边，常年的寒冷让这片地域并不宜居，为了追寻更大的国土面积与更多的港口，俄罗斯从15世纪开始就一直在扩张与战斗。

　　俄罗斯横跨亚欧两大洲，特殊的地理位置养成了特殊的国家身份，既与东方国家不同，也与西方国家不同，在探寻与徘徊中将东西方文化融合，为己所用，形成了一部独特的史诗。

在欧洲的中东部地区，由于地理位置靠北，冬季的严寒让这里一直人迹罕至，只有健壮、能忍受寒冷的斯拉夫人在这里生存。

直到公元1世纪，斯拉夫人的居住地受到日耳曼人和从蒙古草原迁徙而来的匈奴人的冲击，被迫迁移，并逐步分裂为三个大的分支，其中东部的一支被称为东斯拉夫人。

东斯拉夫人居住在西起德涅斯特河和喀尔巴阡山脉、东至伏尔加河流域、北达拉多加湖、南抵黑海的广大区域内。他们以农业生产为主，同时从事畜牧业、渔业和养蜂业。由于他们长期像飞鸟一样迁居各地，因此，直到8世纪仍处在原始公社阶段，各部落彼此分散而没有形成国家。

公元 9 世纪，随着社会生产力的发展和剩余产品的增加，东斯拉夫人逐步形成了一些部落联盟，各个部落之间为了争夺权力内斗不断。留里克率领的罗斯人见此机会，入侵了东斯拉夫人的部落，占领了诺夫哥罗德城，宣称自己是城市的最高统治者。

罗斯人又被称为瓦良格人，他们普遍被认为是来自古时维京人的一个部落。明朝以前，中国的史籍中都称他们的国家为罗斯或罗刹，到了清朝，由于满蒙两族交流比较多，受蒙古语发音的影响，译为"斡罗斯"或"鄂罗斯"，后来官方文件中逐渐统一使用了"俄罗斯"。

留里克在这片土地建立了第一个封建性质的国家——罗斯。公元882年，留里克的继任者将统治中心迁到基辅。此后的数代大公经过多年征战，相继征服了绝大多数东斯拉夫部落，逐渐形成了一个以东斯拉夫人为主体的大公国"基辅罗斯"。

　　至公元1000年左右时，基辅罗斯已成为面积约100万平方千米，人口约500万的国家。

公元 988 年，基辅罗斯大公弗拉基米尔与拜占庭帝国联姻，并将希腊正教即后来的东正教定为罗斯的国教。

公元 12 世纪，成吉思汗的蒙古大军远征西亚和东欧，所到之处战无不胜，先后攻陷基辅等若干个罗斯公国，在原来基辅罗斯的领土上建立了"金帐汗国"。

> 蒙古高原的游牧民族一般称其首领为可汗，或大汗、汗王等，他们的领地、公国、王国甚至帝国也称为汗国，比如蒙古帝国也称蒙古汗国，成吉思汗分封给他子孙的封地，后来形成了窝阔台汗国、查合台汗国、钦察汗国、伊利汗国四大汗国。其中钦察汗国因其统治者使用金色拱顶的帐篷，所以也被称为"金帐汗国"。

然而，蒙古人虽然武力强大，人口却太少，征服了别的国家之后，只能借助当地势力统治。他们选中了莫斯科公国的伊凡一世来帮忙收税及统治罗斯，选中伊凡一世的原因很简单，因为他给蒙古人上贡了大量金银珠宝，这让蒙古人很信任他，借此，莫斯科公国也几乎没受到蒙古人蹂躏，从而逐步强盛。

1380年9月，伊凡一世的孙子想要摆脱金帐汗国的统治，于是率领莫斯科公国的军队与金帐汗国的马麦汗军队进行了激战，最终获得了胜利，这让莫斯科公国成为罗斯人心中反抗蒙古人的旗帜。

"钱袋"伊凡一世（1288年—1340年），全名伊凡一世·达尼尔洛维奇·卡利塔。据说伊凡一世非常贪婪，喜欢聚敛钱财，因此获得了"钱袋"的绰号。"钱袋"也十分善于使用钱财，他将大量金银珠宝献给金帐汗及其妻妾子女，博得了金帐汗的信任，终于在1328年获得了金帐汗册封的"弗拉基米尔大公"称号，意即"全罗斯的大公"，有权代理金帐汗国征收全罗斯的贡赋。与此同时，他还不惜重金修建了大主教公署，将全俄大主教的驻节地由基辅迁至莫斯科。这一举动不仅使莫斯科成为罗斯的政权中心，也成为罗斯人心中的信仰圣地和精神家园。在此后莫斯科与外界的争斗中，东正教会始终站在莫斯科大公一边。

吃了败仗的金帐汗国也想对莫斯科公国进行报复，而不巧的是，金帐汗国内部各贵族开始为了利益产生内讧而分裂，纷纷成立了新的汗国，就这样让莫斯科公国发育了近百年。尽管在百年间，金帐汗国和莫斯科公国依然有着些许战争，但是战争体量太小，对双方都未造成大的影响。

1480年，蒙古人发起了对莫斯科公国的最终一战，结果惨败而归。莫斯科公国借着战胜蒙古人的余威，接连吞并了其他公国，最终结束了罗斯长期分割的局面，建立了统一的国家俄罗斯，简称俄国。

统一后的俄国体现出对土地的渴望，开始积极对外发动战争，到17世纪后期，俄国的领土面积已达1400万平方千米。

伊凡三世·瓦西里耶维奇（1440年—1505年），俄罗斯历史上最成功的统治者之一，在位期间击败了金帐汗国，统一了周边的大小公国，后来他实际上已经是整个俄罗斯的唯一君主，形成了统一的中央集权国家——俄罗斯。伊凡三世大规模翻修了克里姆林宫，作为沙皇的寝宫以及现在的俄罗斯政府所在地一直沿用至今。他还将拜占庭的双头鹰徽标记应用在国徽上，从此虽然细节屡作修改，但双头鹰一直是俄罗斯国徽的重要标志。

> 1547年，莫斯科大公伊凡四世宣布自称沙皇，国家也被称为**沙皇俄国**。沙皇即俄语中"**恺撒**"的意思。

1689年，彼得一世成为俄国的统治者。他接手的俄国拥有着巨大的领土面积，依然有着强大的实力，但是这时的西欧各国正满载着航海大发现的丰厚收益，步入经济和工业飞速发展的时代。相比之下，俄国无论在经济、政治，还是军事、文化方面都已远远落在后面。

经过反复思考，彼得一世决定学习西方，提升俄国实力。于是在1697年，彼得一世组织了庞大的使团，并把自己乔装成一名普通的陆军下士，跟随着使团游历各国，使团先后到达了瑞典、普鲁士、荷兰、英国、奥地利等国。

在这个过程中，彼得一世认为西欧诸国之所以富强，就在于拥有强大的军事实力、发达的工农业生产和先进的科学技术。

彼得一世（1672年—1725年），全名为彼得一世·阿列克谢耶维奇。在他统治时期，俄国进行了政治、经济、军事和科技等领域全面的西化改革，使俄罗斯成为欧洲大国之一。

彼得一世回国后，马不停蹄地将自己学到的知识和思索的收获统统付诸大刀阔斧的改革行动中。首先进行改革的是军事，他废除了传统的封建贵族服军役制，实行了征兵制，面向农民和工商户强制征兵，从而保证了俄国拥有充沛的兵源。有了兵源后，开始兴办军事学校，加强士兵素质。他还创建了俄国的第一支海军。其次是对工业进行改革，尤其是军事工业，在彼得一世统治期间，俄国的工业，尤其是金属冶炼、造船等行业都得到明显发展。第三是政治改革，彼得一世通过设置行省，政务院等方式，削弱了贵族势力，加强了君主专制。

在国家硬实力改革的同时，彼得一世在社会习俗、教育文化、宗教政治等领域也进行了"西化"改革。

在改革的同时，俄国为了获得出海口，对瑞典发起了进攻，最终经过21年的战争，在1721年获胜，俄国也从一个内陆国家成为一个濒临海洋的国家，再加上改革的成效，俄国正式步入欧洲强国之列。

1725年，彼得一世病逝。其后的俄国在37年间，换了6位统治者，政局一直不稳定。

直到1762年，叶卡捷琳娜登基，她视彼得一世为师，将军事改革继续进行，在她统治时期，俄国陆军成为欧陆最强大的军队之一，还建立了俄国的第二支舰队——黑海舰队。有了强大的军队支撑，俄国又走上了对外扩张的道路。

俄国首先发动了对阻隔在俄国与西欧之间的波兰的战争，俄国伙同奥地利、普鲁士一起，分别于1772年、1793年和1795年3次迫使波兰签署割让领土的协定。

其后又武力吞并了立陶宛、白俄罗斯和大部分乌克兰。在与土耳其的战争中又获得黑海出海口，然后又继续发动战争，控制了克里米亚半岛。

叶卡捷琳娜二世（1729年—1796年），全名叶卡捷琳娜·阿列克谢伊芙娜。叶卡捷琳娜二世并非俄罗斯人，她的原名为索菲亚·奥古斯特，出生在普鲁士什切青市一个贵族家庭。她自小接受良好的欧式教育，还随父母游历过欧洲许多地方。1745年8月，索菲亚与俄国皇位继承人结婚。为了能成为一个称职的皇后，她不仅勤奋学习俄文，阅读大量书籍，还改信东正教，取教名为叶卡捷琳娜。年轻的叶卡捷琳娜对权力表现出极大的渴望，加之因夫妻感情不睦而对彼得三世产生的厌恶乃至憎恨，最终将她推上了俄罗斯帝国的权力之巅。

1789年7月，正当叶卡捷琳娜忙于应对第二次俄土战争和俄瑞战争之时，法国大革命的消息传来，她与欧洲各国的君主们一样，害怕革命风潮吹到俄国，人民推翻她的统治，于是她决定向法国进军，扼杀法国革命，然而出兵计划还没实施，叶卡捷琳娜突发中风后去世。

叶卡捷琳娜去世后，俄国由于常年征战导致的国内矛盾爆发出来，于是俄国并没有继续向法国进军，而是选择了休养生息。

但是拿破仑率领的法国却没有和俄国和谈，为了建立世界帝国，1812年6月，拿破仑率军攻入了俄国。面对法军的强势，俄军选择暂避锋芒，诱使法军进入俄国腹地，虽然最终法军攻入了莫斯科，但是由于天降大雪，法军并不能适应俄国的严冬，只好下令撤军。这时俄军开始反攻，不仅将法军打回法国，并在随后颠覆了拿破仑法国。

仅此一役，俄国在欧洲大陆上已经不再有势均力敌的对手，成为欧洲大陆的主宰。

1815年,在打败了法兰西帝国皇帝拿破仑一世后,俄罗斯、普鲁士和奥地利组成了"神圣同盟",共同镇压欧洲各国的革命运动。

19世纪初期，凭借着打败拿破仑帝国的余威，俄国达到了它帝国历史上辉煌的顶点。强大的俄国不断对外用兵。1828年，俄国发动了对土耳其的战争；1830年，俄国派兵镇压波兰人民起义；1849年，俄国派20万大军镇压匈牙利革命；这些战争都最终获得了胜利。

然而，如同中国的清王朝一般，越强大的国家越不愿意去改变。

此时的资产阶级革命风暴席卷欧洲，许多国家纷纷走上了资本主义的发展道路，国家实力日渐增强。而俄国仍旧守着自己曾经强大的秘诀——对内施行君主专制统治和农奴制度，对外穷兵黩武、侵略扩张。

1853年，俄国为在黑海沿岸获得更大的利益，又一次进攻土耳其。而这次的俄国没那么顺利，英、法等国担心俄国太过壮大，于是组织盟友在1854年对俄国宣战，史称克里米亚战争。在这场战争中，俄国领略到工业革命的成果——英法联军用的枪械射程是俄国的3倍，俄军的木帆船连英法联军的铁甲舰的皮都无法击穿。在巨大的工业差距面前，这场战争几乎毫无悬念，俄国惨败而归。

克里米亚战争的失败并没有让俄国彻底醒悟，俄国依旧认为自己十分强大，持续对外发起战争。

向西夺取领土遭遇困难之后，19世纪后期，俄国开始向南、东方向发起侵略。对波斯发起两次战争，抢占了大部分高加索地区；对中亚的蚕食，令俄国获得接近400万平方千米的土地；对中国的侵略，让俄国夺取了中国东北和西部边境共约150万平方千米的土地。

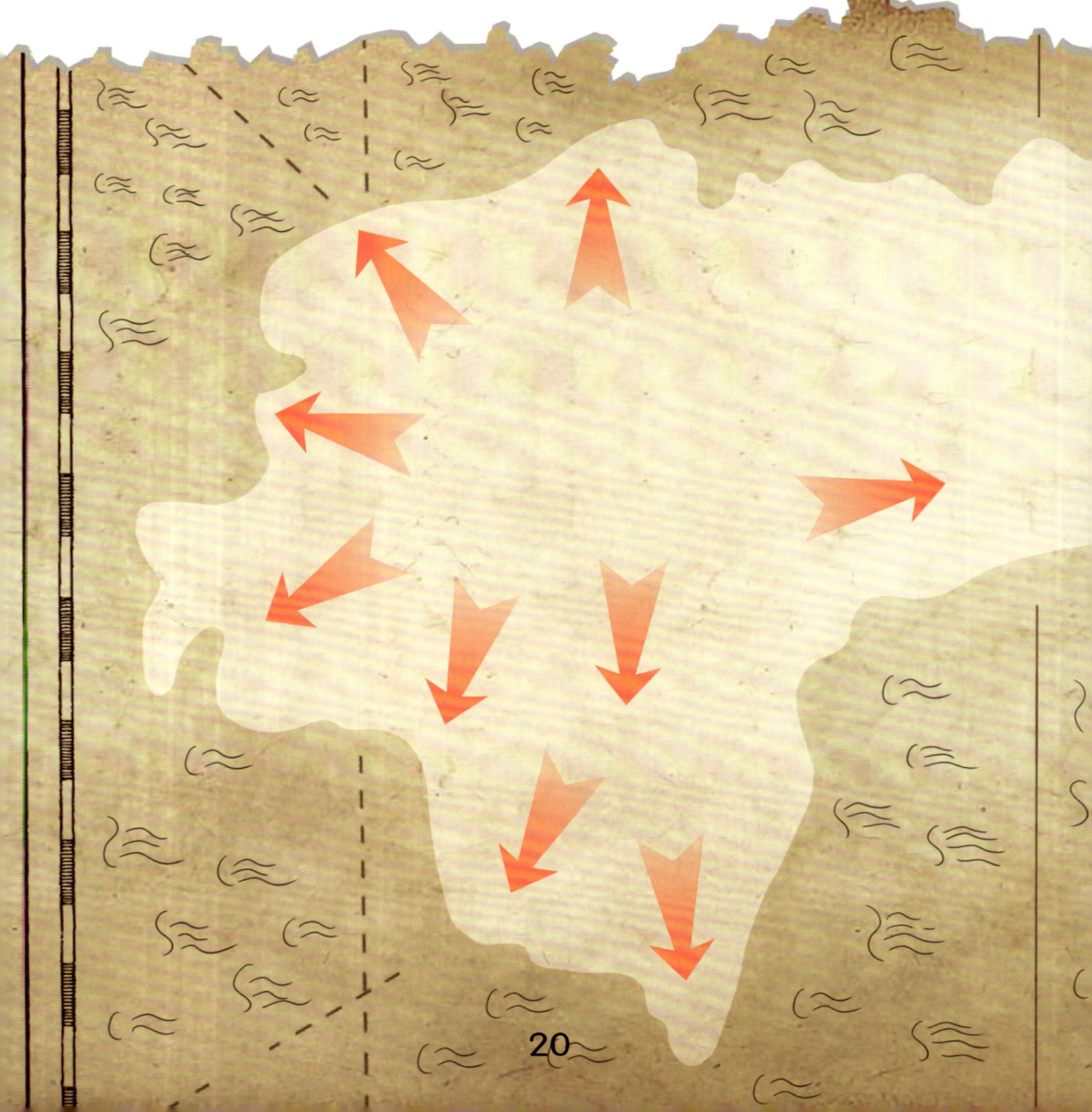

到 19 世纪末，俄国的国家版图最终确立，经过数百年的血腥兼并和殖民扩张，俄国的领土面积由 280 万平方千米剧增到 2280 万平方千米，接近世界陆地总面积的 1/6，成为横跨欧亚大陆的庞大帝国。

连年的征战和长期奉行穷兵黩武的政策也使俄国付出了沉重代价，多年的战争早已让俄国国内的农民和工人不堪重负，战争的收益几乎都被贵族和地主拿走，而工农等无产阶级承担的痛苦与付出的生命却得不到回报。

随着马克思主义在俄国的传播，1898年，俄国无产阶级政党组织——俄国社会民主工党正式成立，1903年，俄国社会民主工党形成了以列宁为核心的布尔什维克（"布尔什维克"的意思是多数派）。列宁与俄国社会民主工党准确感知到无产阶级生活状况的悲惨，开始率领无产阶级进行政治革命。

1904年日俄战争爆发，俄军接连惨败。日俄战争的失败将俄国此时的腐败和虚弱暴露无遗，成为压垮俄国的最后一根稻草，通过革命推翻落后的封建专制成为俄国民众的迫切需求。俄皇并不甘心被推翻，依旧企图通过军队镇压革命，维持着自己的统治。

俄国社会民主工党

俄罗斯社会民主工党是俄国的马克思主义工人政党，苏联共产党的前身。1898年，在圣彼得堡、莫斯科、基辅等地的斗争协会和立陶宛、波兰和俄罗斯犹太工人总同盟在明斯克秘密举行俄国社会民主工党第一次代表大会，宣告了俄国社会民主工党的成立。

1914年，第一次世界大战爆发。战争开始后，俄国此时的虚弱暴露无遗，工业生产薄弱、财政赤字严重、官商贵族大发战争横财等问题导致了俄军战场的节节失利。仅开战头两年，俄军就损失了350万人。

战场上的惨败引发了国内更加严重的政治和经济危机。1917年3月（俄历二月），彼得堡的工人和士兵发动了"二月革命"，彻底推翻了俄皇统治，结束了俄国封建专制制度的历史。

二月革命后，列宁提出了"全部政权归苏维埃"的革命口号，他认为无产阶级必须取得政权。1917年11月7日（俄历十月），列宁通过武装起义彻底推翻资产阶级政权，世界上第一个无产阶级专政的社会主义国家苏维埃俄国从此诞生，史称"十月革命"。

> **苏维埃**：俄语音译词，意思为代表会议，就是由多数人进行民主投票的会议。

十月革命的意义

1. 是人类历史上第一次获得胜利的社会主义革命。第一个社会主义国家由此诞生。
2. 沉重打击了帝国主义的统治。
3. 推动了国际共产主义运动的发展，鼓舞了殖民地半殖民地人民的解放斗争。

十月革命对中国的影响

　　十月革命后,中国的新文化运动开始宣传马克思列宁主义,促进了马克思列宁主义在中国的传播,为中国共产党的成立奠定了思想基础。

十月革命胜利之初，为了尽快结束战争，苏俄放弃了约100万平方千米的领土，迅速从战场撤军。除了战争，新生的苏维埃政权还面临着其他的挑战：在国内，分裂势力活动猖獗，国民经济濒于崩溃；国际上，由于意识形态的不同，其他帝国主义国家对其重重包围，希望苏维埃俄国崩溃。

为了应对分裂势力，1922年12月30日，包括苏俄在内的各社会主义国家在平等的基础上成立"苏维埃社会主义共和国联盟"，简称苏联。当时仅有4个国家加入苏联，此后陆续有多国加入，到1940年，苏联最终形成了由15个加盟共和国组成的领土面积世界第一的大国。

为了缓解国内经济问题，列宁提出了"新经济政策"，将战时对于粮食的无偿征召制改为市场买卖制，有效地提高了农民积极性与生产力。还停止了对私人资本的排挤，利用资本恢复市场经济，新经济政策的实施，使苏维埃共和国的国内危机迅速化解，生产稳步发展，国民经济得到了重建。

1924年，列宁因病逝世。斯大林接任苏联领导人的职务。他提出要把苏联从农业国变成能自主生产一切必需装备的工业国，并且要求将苏联工业化的重点首先放在发展重工业和机器制造业上。以此为起点，苏联开启了工业化建设的进程，工业化并不能一蹴而就，于是苏联将工业化进程进行分解，以政府干预市场为手段，以5年为一个周期进行建设。

1928年，苏联的第一个"五年计划"开始实施。1929年，全球经济大萧条的到来让欧美各国损失惨重，人民生活艰难，很多人选择了移民苏联，到1932年第一个五年计划结束时，苏联大约有2/3的大型工业企业是由美国帮助建设或提供援助的，重工业部门工作中的各种外国专家约有6800人，其中约有1700名是美国工程师。

大批的国外人才让苏联的第二个"五年计划"实施得更为顺利，到1940年，苏联年产钢1800万吨，煤炭1.6亿吨，石油3100万吨，发电483亿度，拖拉机、联合收割机和汽车的产量占世界第一位。工业生产总值比1913年增加了近7倍，在世界工业总产值中所占比例从1913年的2.6%上升到10%，超过英、法、德，跃居欧洲第一位，仅次于美国，居世界第二位。

　　正当苏联人民为实现第三个"五年计划"而努力奋斗的时候,第二次世界大战突然爆发了。

　　1941年6月,德国集中约550万军队进攻苏联,苏联在一星期内损失100万人以上,西部工业区全线沦陷。而德军的强势并没有压垮苏联人民,在斯大林的指挥下,苏联发展西伯利亚地区的工业,苏联人民开始了艰苦的卫国战争,最终凭借更强大的工业能力和不屈的精神打败了德国。

二战的转折——斯大林格勒战役。

据统计,二战期间,苏联军民伤亡达6000万以上,其中死亡2700万人,1700多个城市和7万多个村镇遭到洗劫,物质损失达6790亿卢布。苏联一国的全部损失占二战参战国总损失的41%。战争结束后,苏联的军事实力和国际威望空前提高,战友之情让苏联与英美等国的关系有了更深的发展。

然而好景不长,对战后世界领导权的争夺导致美苏两个大国的关系迅速恶化。杜鲁门成为美国总统后,就开始掀起反共浪潮。

1946年3月5日，已经下野的英国首相丘吉尔发表了名为《和平砥柱》的长篇演说，大肆攻击苏联的扩张政策，称其威胁到了欧洲和平，鼓吹英语民族联合起来，共同对苏联采取措施。这就是历史上著名的"铁幕演说"，以此为标志揭开了冷战的序幕。

　　1949年，美国以维护集体安全为名发起成立了"北大西洋公约组织"，简称北约。作为应对措施，苏联也迅速在东欧组建了"华沙条约组织"，简称华约。至此，欧洲正式形成了北约和华约两大军事集团长期对抗的局面。

冷战的原因

1. 二战后，美国的经济、军事实力居世界首位，称霸世界的野心日益膨胀。
2. 以苏联为首的社会主义国家日益强大。

由于苏联与美国关系破裂，苏联完全没法指望西方的经济援助。在这种情况下，苏联继续采用高度集中的手段发展生产，恢复国民经济。到1950年第四个"五年计划"结束时，苏联的工农业都接近或者达到了战前水平，尤其是在国防工业领域获得了重大突破。

1949年，苏联成功爆炸了第一颗原子弹，从而打破了美国的核垄断，以"恐怖的均势"抑制了两大军事集团之间爆发大战的可能。

冷战的具体表现

1. 政治上：1947年杜鲁门主义出台。（标志着美苏战时同盟关系正式破裂，美苏之间冷战的开始。）
2. 经济上：1947年马歇尔计划的实施。
3. 军事上：1949年北大西洋公约组织的建立。

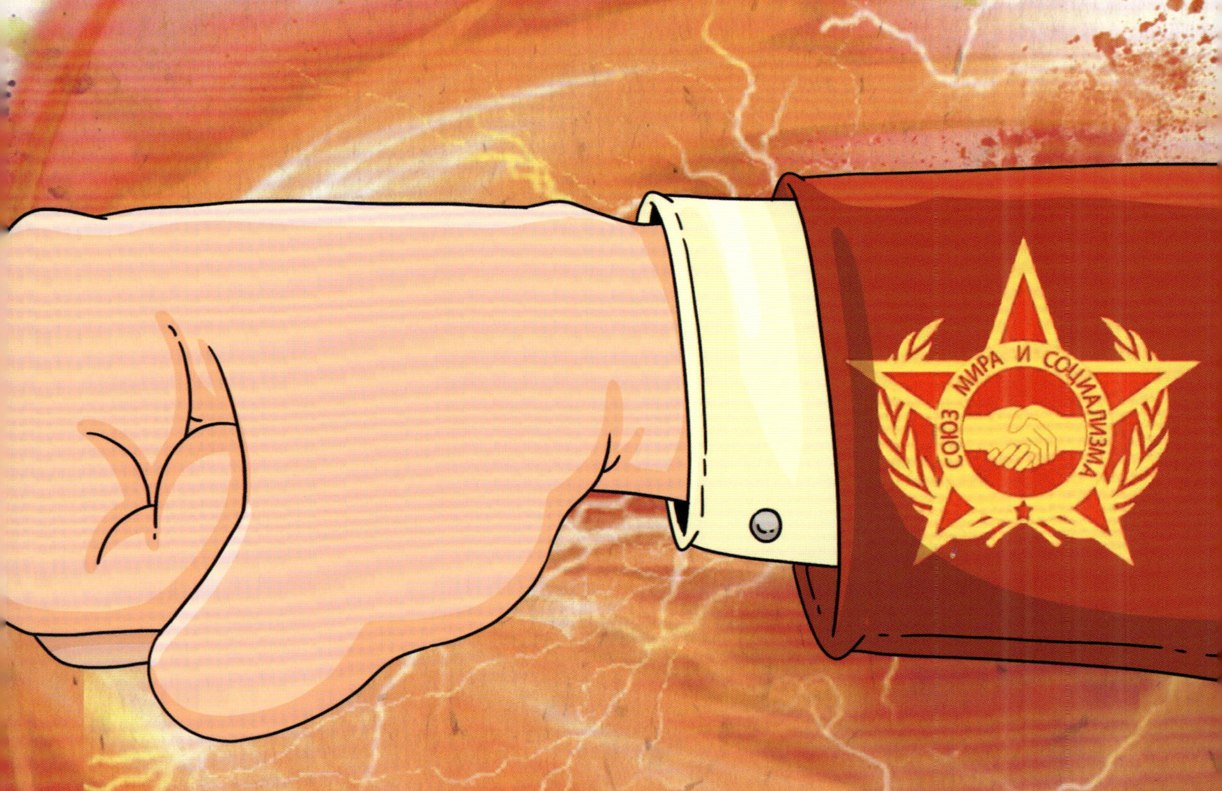

1953年，斯大林逝世，赫鲁晓夫接手了苏联的权力。

在对美关系问题上，赫鲁晓夫调整了斯大林时期与美展开全面对抗的战略，主张在核威慑条件下与美国进行和平竞赛，以对话取代对抗，谋求苏美联手共同主宰世界。

在赫鲁晓夫执政期间，苏联经济改革取得了一定的成绩。

在农业方面。从1953年开始，苏联政府采取提高农产品收购价格、减轻农民负担、鼓励农副业生产和大规模开垦荒地等一系列措施，刺激农民的生产积极性，收到了良好的效果。1953年—1958年，农业产量平均增长率达6.8%。

在工业方面，1951年—1965年，苏联工业的年平均增长率达10.7%，钢铁、煤炭和石油等重要战略物资的产量都逐年增加。军事科技水平继续保持国际领先地位：1953年，苏联在美国之后不到一年成功爆炸了第一颗氢弹；1957年，又研制出世界上第一枚洲际导弹；同年，苏联将人类历史上第一颗人造地球卫星送入太空；1961年，第一艘载人宇宙飞船也成功上天。

1957年10月4日，苏联发射世界上第一颗人造地球卫星"**斯普特尼克1号**"。

1964年，勃列日涅夫接任了赫鲁晓夫，成为苏联的掌权者。

勃列日涅夫执政前期，苏联的经济与工业发展进入井喷期，与美国的差距逐步缩小，成为与美国实力接近的超级大国。

但在这样的大好形势下，苏联却没有抓住有利时机发展国民经济，而是把大量的人力和物力资源投入国防建设和在全球的战略扩张。在勃列日涅夫的思想指导下，70年代中期的苏联不断增加军事投入，全面提升常规军事力量和核能力，与美国进行军备竞赛，造成军事实力的迅速膨胀。

美苏争霸的实质

美苏两国在实力的基础上对世界势力范围的划分。

苏联凭借强大的军事力量到处推行强硬外交和霸权主义政策。据伦敦战略研究所估算，1970年苏联的国防开支为539亿美元，1979年已上涨到1480亿美元，占当年国民生产总值的16%，远远高于同时期美国6%的水平。如此庞大的国防开支，严重阻碍了苏联经济的正常发展。

美苏争霸的认识

美苏等大国违背客观的历史潮流，实施霸权主义，导致恐怖主义泛滥，直接威胁世界安全、和平与发展。

1982年，勃列日涅夫去世后，苏联高层权力产生真空，领导干部终身制和各种腐败现象频生，使苏联社会出现了所谓"特权阶层"，败坏了党的形象，使民怨极大，也使得社会风气不断下滑。

1985年，戈尔巴乔夫成为苏联最高领导人，在经济改革过程中，由于推行"休克疗法"（国有资产和私有化等政策），导致经济改革严重失控。而其后的政治体制改革，则造成了社会政治极端混乱的局面，严重影响了社会稳定，国内形势恶化，经济滑坡，通货膨胀，人民生活水平大幅下降，各地罢工游行层出不穷。

更为严重的是，经济与生活水平的下降使长期潜伏的民族矛盾也随之激化，民族分离运动日益发展，多个加盟共和国借机要求独立。

戈尔巴乔夫改革的影响

苏联政治体制发生急剧变化，一党制变为多党制，国家权力分散。各加盟共和国脱离苏联的趋势随之加强，最终导致苏联解体。

1990年3月11日,立陶宛率先宣布脱离苏联而独立。

1990年6月,俄罗斯联邦宣布收回主权,其后9个国家紧跟着宣布收回主权。

1991年,苏联政治经济局势已经完全恶化,难以挽回。除立陶宛外的14个加盟共和国纷纷独立。

1991年12月25日,戈尔巴乔夫发表电视讲话,宣布苏联解体。第二天,苏联最高苏维埃举行最后一次会议,从法律上宣布了苏联的灭亡。

苏联解体的原因

1. 根本原因:从赫鲁晓夫集团到戈尔巴乔夫集团逐渐脱离、背离乃至最终背叛马克思主义、社会主义和最广大人民群众的根本利益所致。
2. 直接原因:戈尔巴乔夫政治改革。
3. 外部原因:西方国家的和平演变。
4. 其他原因:反马克思主义思潮泛滥;社会矛盾、民族矛盾激化等。

解体后的苏联，将大部分的武装部队与控制着 2.7 万枚核弹的核按钮交给了俄罗斯。

如今的俄罗斯是五个联合国安全理事会常任理事国之一，拥有着世界上最大的领土面积与最大储量的矿产和能源资源，天然气、铁、镍、锡蕴藏量均位居世界第一位。由于苏联是和平解体，国内基本没经过破坏，凭借着苏联留下的庞大政治遗产，以及大量的核武器、工业等，俄罗斯依旧是世界舞台上不可小觑的力量，只是再也不复苏联时期的辉煌了。

大国启示

对外侵略扩张是俄罗斯历史上长期奉行的战略传统。但正所谓成亦扩张，败亦扩张，扩张为俄国带来了称雄世界的领土和资源等物质条件，但也造成了它内政虚弱、经济凋敝和众邻疑惧的致命缺欠。

俄罗斯也曾有过落后，有过被蒙古人统治的经历，但是通过百折不挠的精神最终赶走外族，统一了国度。俄国政治、经济发源地都在欧洲，但是又有着2/3的国土在亚洲，导致俄国具备了欧洲文明的特征，也具备了东方文明的影响，加上地理与经济社会发展的封闭性和缓慢性，俄国与欧洲国际体系产生了较大差异，俄国的大国成长正是在这种差异性中进行的。

从彼得一世时期的西化过程，到苏联时期的社会实践，通过征战与合并得来的广袤土地，让俄国境内有着不同的民族形成的文明。俄罗斯文明就是在斯拉夫文明的基础上，吸收了欧洲文明、东方文明、伊斯兰文明、犹太文明乃至远东文明而形成，多种文明的碰撞在俄国互相交融，最终形成别具一格的俄罗斯文明，如今的俄罗斯文明也影响着世界。

俄罗斯简史

8 世 纪 东斯拉夫人在东欧平原上逐渐形成部落。

9 世纪中叶 罗斯人入侵，留里克建立罗斯国。

882 年 基辅罗斯大公国成立。

12 世 纪 蒙古大军攻占基辅罗斯等多个公国。

13 世纪上半叶 金帐汗国逐步建立，罗斯各公国成为其附属。

13 世纪末 弗拉基米尔大公国分封成立莫斯科公国。

1480 年 莫斯科公国经过多年战争，最终将蒙古大军打败，并趁势吞并了周边许多公国，并以莫斯科为中心，逐步形成统一的俄罗斯。

1547 年 伊凡四世自称沙皇。

1689 年 彼得一世成为沙皇，开始学习西方，俄罗斯快速崛起。

1762 年 叶卡捷琳娜二世即位。

1812 年 拿破仑一世率军攻入俄国，因不能适应俄国的严冬，被迫撤军。

1815 年 "神圣同盟"成立，此后俄国多次对外派兵镇压各国革命。

1854 年 克里米亚战争，俄国大败。

19 世纪末 经过数百年的血腥兼并和殖民扩张，俄国成为横跨欧亚大陆的大帝国；

1904 年 日俄战争爆发。

1905 年 俄国战败，国内矛盾加剧引发了农民和工人起义运动，最终被沙皇镇压。

1917 年 俄国"十月革命"。

1922 年 苏联成立。

1928 年 苏联开始实施第一个"五年计划"。

1941 年 德国进攻苏联，苏联卫国战争开始。

1991 年 苏联解体。

图书在版编目（CIP）数据

这就是历史. 8，俄罗斯 / 唐晋主编. -- 石家庄：河北科学技术出版社，2023.6
ISBN 978-7-5717-1622-6

Ⅰ．①这… Ⅱ．①唐… Ⅲ．①世界史－青少年读物②俄罗斯－历史－青少年读物 Ⅳ．①K109②K512.09

中国国家版本馆CIP数据核字(2023)第104456号

这就是历史．8，俄罗斯
ZHE JIUSHI LISHI 8 ELUOSI

唐晋 / 主编

责任编辑：	李　虎
责任校对：	徐艳硕
美术编辑：	张　帆
封面设计：	柒拾叁号
出版发行：	河北科学技术出版社
地　　址：	石家庄市友谊北大街330号（邮政编码：050061）
印　　刷：	北京天工印刷有限公司
经　　销：	新华书店
开　　本：	700mm×1000mm　1/16
印　　张：	27
字　　数：	270千字
版　　次：	2023年6月第1版
印　　次：	2023年6月第1次印刷
书　　号：	ISBN 978-7-5717-1622-6
定　　价：	270.00元（全九册）

这就是历史 ⑨

美国

唐晋 主编

河北科学技术出版社

美国概况

美利坚合众国（The United States of America，简称美国），国土主体部分位于北美洲中部，领土还包括北美洲西北部的阿拉斯加，以及太平洋的夏威夷群岛。国土面积为937万平方公里，首都是华盛顿哥伦比亚特区。北部与加拿大接壤，南部与墨西哥接壤。官方语言为英语，2021年人口数量为3.33亿，人口数量位居世界第三。

美国崛起于19世纪末20世纪初。美利坚民族并不是北美大陆首批开辟者，但经过百余年的开拓却构建了美洲领土面积最大的国家；美国不是第一个实现资产阶级革命的国家，但是是将资本主义发展得最好的国家。由于本土周边没有强敌，脱离了欧亚这两个纷争不断的大洲，两次世界大战让美国彻底崛起。自从19世纪末，美国工业产值位居世界第一后，在至今的上百年中，美国一直是世界超级强国之一。

北美大陆是一片广袤且富饶的土地。印第安人早在距今25000年到10000年前，就开始在这片土地上活动，创造着文明。他们世代繁衍、生息和劳动于此。由于北美自然资源丰厚且远离欧亚大陆，印第安人通过捕猎、采摘就能吃饱，缺乏动力去耕种，一直没能形成大规模的农业文明，而且北美几乎没有马匹，人类的活动半径较小，也没有形成统一的国家，都是以部落或部落联盟形式活动。

　　直到15世纪，哥伦布为了寻找"遍地黄金"的中国和印度，结果并没有到达中国和印度，而是来到了北美大陆。就此，北美就失去了以往的宁静。西班牙、法国、荷兰等欧洲国家蜂拥而至，先后在这片"无主之地"进行探险与建立殖民地。

美洲为什么没有马？

　　其实美洲本土产马的历史已经有数千万年之久，但是在距今大约12000年，美洲马就灭绝了。具体原因众说纷纭，有气候变化说、瘟疫说、彗星撞击说等等不同说法。

　　由于人类踏足美洲大陆的时间与马灭绝时间差不多，比较主流的理解是：人类登陆美洲后，对于美洲大型动物进行捕猎，进而导致生态平衡被破坏，环境无法承担大量的动物而造成饥荒，而马对于营养的利用率偏低，造成数量急剧减少，再加上美洲的人类对于马进行捕食，灭绝也就不足为奇了。

16世纪末,英国在英西海战中击败西班牙后,国家实力得到极大发展,也开始大规模建立殖民地。

1607年,英国人在弗吉尼亚州的詹姆斯敦成功地建立了第一个殖民地。1620年,一群英国清教徒乘坐着"五月花"号轮船来到了马萨诸塞州建立了普利茅斯殖民地。此后英国人陆陆续续来进行殖民运动,到了1733年,英国在北美共建立了13个殖民地。

英国对于殖民地更为看重商业贸易价值,而不是土地价值,所以并没有对土地直接进行监管,而是以税收与获取商品为主,再加上与本土相隔太远,英国对北美殖民地的统治一直较为松散,殖民地具有较强的自治权。

"五月花"号轮船与《五月花号公约》

"五月花"号轮船是英国3桅盖轮船,载重约180吨,长19.5米。1620年,英国清教徒乘坐"五月花"号轮船来到北美,决心建立自由宗教圣地。其中41名成年男子为了避免内部斗争,一同签订了《五月花号公约》,其中核心内容是自愿结为民众自治团体,这成为后期殖民地团结的起源文件,也是美国历史上第一份政治性契约文件。

到了18世纪中叶，英国进入了扩张期，为了争夺霸权，在世界各地与西班牙、荷兰、法国进行对抗以及战争，大量的战争导致财政支出剧增，英国渐渐入不敷出，于是决定向北美殖民地扩大税收。

这时的英国给予北美殖民地自治权的弊端开始显现出来，北美殖民地的人们组成了议会，表面照顾英国利益，实际上代表了殖民地居民利益。而且随着100多年的殖民过程，在北美殖民地生活的人已经有了自己的民族认知，他们认为自己只是祖籍英国，其余完全和英国人不一样，是一个新的民族。这导致殖民地抗税事件屡屡发生。

北美殖民地的零星反抗并没有让英国反思。1765年，英国颁布了更为严苛的法令——《印花税法》《唐森德税法》《驻兵条例》，其中《印花税法》规定所有印刷品、报刊、商业单据、法律证件和各种契约都要缴付印花税，违者受罚。这些法令的颁布让北美殖民地人民开始爆发更大规模的反英起义。

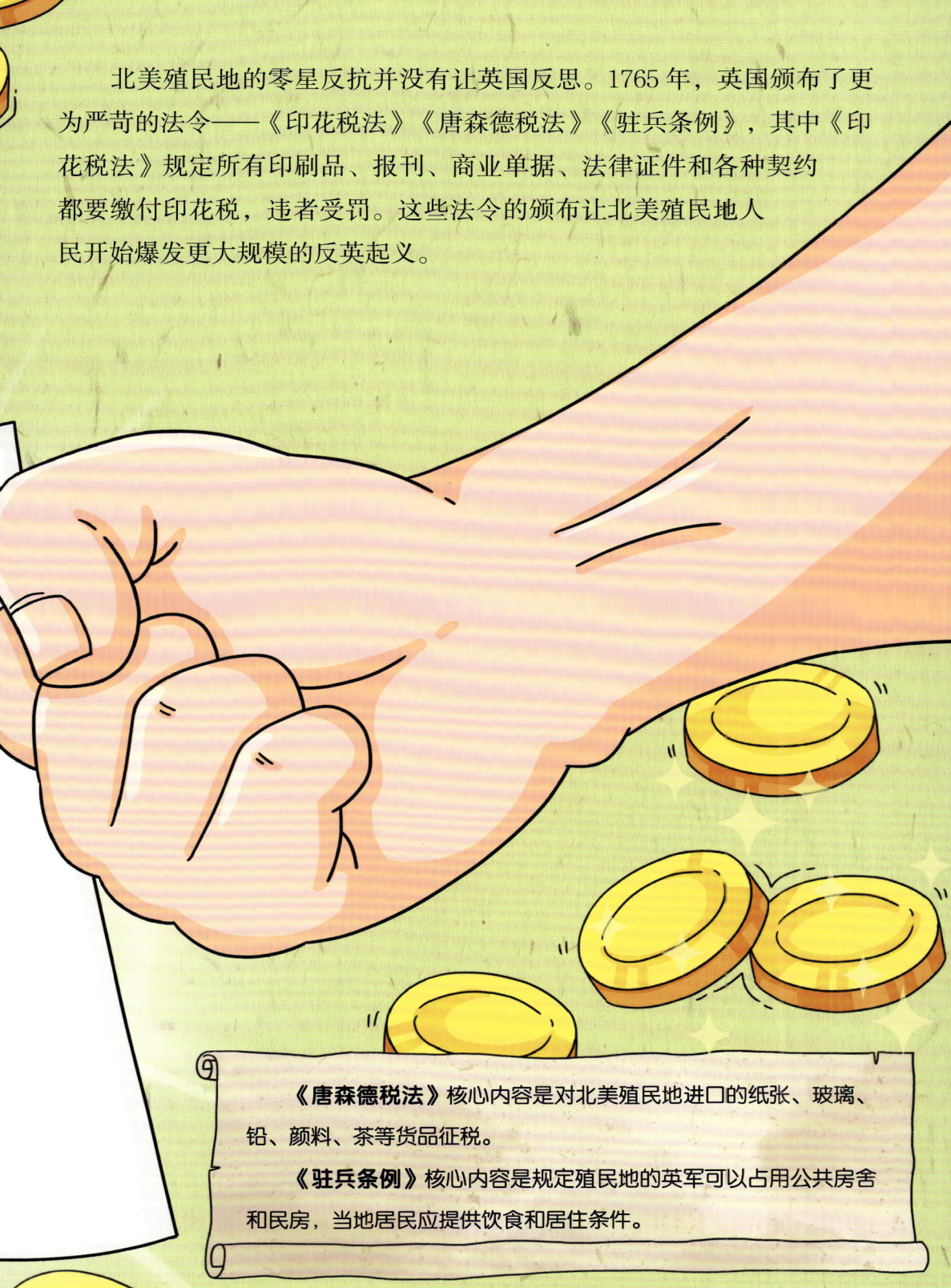

《唐森德税法》核心内容是对北美殖民地进口的纸张、玻璃、铅、颜料、茶等货品征税。

《驻兵条例》核心内容是规定殖民地的英军可以占用公共房舍和民房，当地居民应提供饮食和居住条件。

面对汹涌澎湃的殖民地起义,英国被迫做出让步,相继撤销了《印花税法》《唐森德税法》,仅保留《唐森德税法》中规定应收的茶税,以表明英国议会有权向殖民地征税。英国的举措并没有平息人们的怒气,反而使得矛盾集中到茶税上。

1773 年英国议会通过《茶叶法》。禁止人民贩卖私茶,这让东印度公司垄断了北美殖民地的茶叶贸易。遂引发了北美人民的抵制。12 月 16 日夜,一批北美追求自由的人,化妆成印第安人潜入商船,把船上的 342 箱茶叶全部倒入大海,此举充满了对英国政府的挑衅,这就是"波士顿倾茶事件"。

事件发生后,英国当局大为震怒,在出台一系列法令无果后,决定派兵镇压。

1774 年 9 月 5 日—10 月 26 日,来自北美 12 个殖民地(佐治亚未派人)的代表在费城召开第一届大陆会议,实现了大联合,宣布与英国断绝一切输入、输出与消费的关系。

1775 年 4 月 19 日,英国派遣士兵前往来克星敦镇压独立运动时,遭到了早已严阵以待的民兵的袭击,来克星敦的枪声揭开了北美殖民地独立战争的序幕。

美国独立战争的根本原因是英国的殖民统治严重阻碍了北美资本主义经济的发展。

1776年7月4日,北美13个殖民地发表《独立宣言》,成立"美利坚合众国",简称美国,提出了"自由、平等和独立"的口号,并宣告脱离英国独立。

在独立战争开始阶段,由于美军当时的组织尚未健全,缺乏训练,而且武器、弹药和粮食均不足,战略主动权掌握在英军手中。

法国、西班牙等国看到英国在北美出了这么大乱子,也非常乐于落井下石。尤其是法国,作为和英国的世仇,在《独立宣言》发表当年,就为美军提供了多达3万支步枪与200余门火炮,第二年又提供了100多艘船的物资。在后续的战争中,法国海军亲自帮美国阻隔英国海军。1781年,美军进攻约克镇时,美军的人数甚至不足法军人数的一半,最终在法国的支援下,法美联军拿下了这场关键性战役的胜利,基本奠定了独立战争的结果。

又经过两年的零星交战与长时间的谈判,1783年9月3日,英美签订《巴黎和约》,英国正式承认美国独立,并将北起英属加拿大边境、西至密西西比河、南到西属佛罗里达边界的全部土地划归美国。

刚刚独立的美国还是一个非常松散的联盟，缺乏统一的政权、货币，各州之间由于利益关系，关税征收也混乱不堪。

针对这样的乱局，1787年5月25日，各州代表发起了制宪会议。经过百余天的讨论，9月17日，新宪法形成，确定了联邦共和立宪制度，统一了货币与税收。1789年4月30日，在独立战争中起领导作用的华盛顿就任美国第一任总统。由于在一些方面没有达成一致，最终在妥协下，确定了国家核心权力由州政府转移到联邦政府，但是联邦政府在多数方向不干涉州政府自治权。

乔治·华盛顿被称为美国的国父，1789年华盛顿当选为总统后，1793年赢得连任，直到1797年任满后，宣布自愿放弃权力。开创了美国总统连选连任不得多于两次的规则。

1787年美国宪法主要内容

美国是一个联邦制国家，总统既是国家元首，又是政府首脑，享有行政权；国会和最高法院掌握国家的立法权和司法权，从而确立了三权分立的总统制政治体制。

刚独立时的美国基本处于北美东海沿岸，距离欧洲较近，与欧洲纬度也大体相同，再加上美国本就是一个移民国家，对于民族没有太强的隔阂，来到美国就是美国人。这让美国成为欧洲人最理想的移民区域。19世纪初时，美国总人口约600万，而到了20世纪初，总人口则达到约9200万人。

这些移民大部分是欧洲各国的熟练工人和破产农民，他们带来了欧洲先进的生产技术和经验，这种不花任何代价的技术引进模式，令美国很快跟上了欧洲的工业革命成就，到1860年时，美国的工业成就已经超过了大多数欧洲国家。

随着欧洲移民的大量到来，美国开始时的13个州已经有些拥挤，于是美国开始向外扩张，广袤的西部成为美国的首选目标，史称"西进运动"，西进运动对美国影响深远。

其一是推动了全国人口布局。据统计，1820年，西部人口近300万，占全国总人口的1/4左右，到1870年时，西部人口占全国总人口的53%。

其二是改变了美国农业的地域重心。美国独立以前，农业的重心是在东北部和大西洋中部各殖民地，伴随着西进运动的发展，美国的农业生产重心逐渐西移到密西西比河流域，特别是中西部地区，广袤的土地和稀少的人口也促进了美国农业机械化的进程。

其三是加快了西部资源的开发。

其四是促进了交通运输业的革命。为了连接东西部，美国建设了大量公路、运河与铁路，令西部交通状况发生了翻天覆地的变化。

西进运动对美国的意义

西进运动是驱杀土著居民印第安人的运动,是印第安人的一部血泪史。马克思说:"资本来到世间,从头到脚,每一个毛孔都滴着血和肮脏的东西。"先进的资本主义生产方式推广到西部地区,使之成为资本主义世界体系的组成部分。正是西进运动期间,美国经济获得迅速发展,国力增强,为其崛起奠定了基础。

伴随着西进运动同步进行的，是美国对于领土的扩张。

1803年，趁着法国在欧洲大战，无暇顾及北美之际，美国以低廉的价格，从法国手中买下约200万平方公里的路易斯安那，其后又从西班牙手中购买佛罗里达地区，从英国手中获得俄勒冈地区，在1845年兼并得克萨斯后，又通过武力从墨西哥夺得加利福尼亚、内华达、犹他、新墨西哥和大部分亚利桑那等地，共割去墨西哥大约55%的领土。

至此，美国基本完成了与其相连地区的领土扩张和占领。

就在美国大肆扩张，国家迅速崛起之时，一个在独立之初就埋下的雷引爆了。

美国在殖民时期，因为不同的地理环境，北方的资本主义工商业更为发达，南方则盛行种植园奴隶制经济，从非洲输入了大量的黑人奴隶。美国独立后并没有建立强有力的中央政府，在妥协下，由资产阶级与种植园奴隶主联合执政。这个政权只是两种力量的暂时联合，南北方依旧各行其道。

奴隶制是指奴隶主拥有奴隶的制度，奴隶没有人身自由，劳动无报酬。种植园奴隶制则是指美国从殖民地时期到1863年解放奴隶为止，在美国南部种植园中使用奴隶劳动的制度。

南方种植了大量的棉花，奴隶主把约 80% 的棉花和其他工业原料运往英国，并从英国输入大批廉价工业品。他们要求降低关税、贸易自由。而北方几乎有着全国所有的重要工业，为了保护本国工商业利益，防止外贸竞争，则主张保护关税，反对自由贸易。随着经济发展不断加深，这两种社会制度到了无法调和的程度。

再加上废奴运动的兴起，南方奴隶主们已经如芒刺背。

1860年，林肯当选为美国第16任总统。林肯认为奴隶制从道义上就是错误的，极其反对奴隶制，这让南方奴隶主失去了最后的希望。

　　1861年，南方11个州宣布成立南方同盟，公开打起叛乱旗帜，决定用战争巩固并扩大奴隶制。林肯号召人民为恢复联邦的统一而战斗，并下令征集志愿军入伍，南北战争从此开始。

　　北方人口众多且工业实力强劲，但是由于对于战争准备不充分，前期连战连败，甚至连首都华盛顿也几乎失守。这种危急的形势终于促使林肯下决心采用革命的方式来应对这场战争。

美国南北战争的根本原因是北方资本主义工业经济和南部奴隶制种植园经济之间两种经济制度的矛盾。其焦点在于奴隶制的废存问题。

1862年5月，林肯政府颁布了《宅地法》，令西部农民纷纷参军和支援联邦军队。

1862年9月22日，林肯发表了《解放黑奴宣言》，宣言令南方数百万黑人奴隶开始在后方反抗南部同盟，并且由于大量黑人奴隶的出逃，南部经济陷于瘫痪。

两条法案的颁布让南方联盟彻底失去反抗能力，1865年4月9日，南部联盟投降，美国恢复统一。同年，林肯被刺杀身亡。

南北战争的意义

1. 南北战争是美国历史上第二次资产阶级革命。
2. 废除了奴隶制度，扫清了资本主义发展的又一大障碍，为以后的经济迅速发展创造了条件。

南北战争为美国资本主义发展进一步扫清了障碍,黑奴制的废除、《宅地法》的实施和西部地区的开发提供了广阔的国内市场；欧亚移民提供了劳动力和技术；加上宽松的政策与庞大的自然资源,美国的经济在19世纪后半期进入了迅速发展的新时期。

随着自然科学逐步取得突破性进展,并迅速转化为技术,美国赶上了第二次工业革命的快车道。1876年,贝尔发明了电话机；1879年,爱迪生发明了白炽灯；1882年,爱迪生创建了世界第一个中心发电厂；1894年,福特制造出美国第一辆汽车；1903年,莱特兄弟发明了飞机。

第二次科技革命的主要发明

1. 新电器：灯泡,电动机。
2. 新机器：内燃机、电动机。
3. 新通讯：有线电话、无线电报。
4. 新交通工具：汽车,飞机。

在19世纪后半叶，美国批准登记的专利有64万种，对人类社会产生了方方面面的影响。在第二次科技革命的推动下，美国迅速完成了近代工业化，1860年美国工业生产在世界中所占的比重为17%，到1890年这个数字则改写为31%，超过英国（22%），上升到第一位；1860年与1900年相比，原煤产量从1700多万吨增长到2.4亿吨；生铁产量从不足100万吨上升到1.37亿吨；钢产量从1.2万吨剧增至1.02亿吨。

到19世纪末，美国赶上并超过了老牌资本主义国家，成为世界上最富有和最大的工业国。

第二次科技革命的**时间**为19世纪70年代—20世纪40年代。
第二次科技革命的主要**标志**是电力和内燃机的广泛使用，使人类进入"电气时代"。

在国家实力逐渐强盛之后，为了获得市场，美国也走上了对海外扩张的道路，首先盯上的便是老牌殖民帝国西班牙。曾经的西班牙拥有过广泛而众多的殖民地，而此时的西班牙已经日暮西山，但是手中仍握有富庶的古巴和菲律宾，这让美国垂涎三尺。

1898年，美国对西班牙宣战，一国是新起之秀，一国是垂暮老人，巨大的实力差距让西班牙在3个月的时间里就将古巴和菲律宾交给了美国。

美西战争之后，美国又陆续获得威克岛、维尔京群岛的统治权，波多黎各岛、关岛的总督任命权，又从巴拿马共和国手中夺得巴拿马运河开挖权并"永久租借"该运河区。就这样，美国的海外殖民体系已经基本形成。

1914年，第一次世界大战在欧洲爆发。此时的美国工业生产能力极其发达，各交战国都需要进口美国的物资，战争期间的物资消耗是巨量的，所以利润也极高，这使得战争初期的美国严苛执行了中立政策，两边赚钱，经济发展更为迅速。

由于美国和英国之间无法磨灭的关系，即使美国执行中立政策，也更偏向于英国。1916年，日德兰海战，英国海军阵亡6000余人，而德国只阵亡2000余人，经此一役，英国失去了海上优势，这让美国也产生了危机感，开始有了参战的打算。

1917年，欧洲各国几乎已经筋疲力尽，美国趁机向德国宣战，随着生力军美国的加入，德国战败，一战结束。

一战后的美国一跃成为世界上最大的债权国，英法等20多个国家欠了美国大量债务，国际金融中心开始从伦敦转向纽约，美元也开始力压英镑成为世界货币的主流。

一战以后的美国更为强盛，而爆发在欧洲的一战让大量欧洲资本也要寻求安全的着落处，美国长达数十年的经济增长，让欧美人都认为经济还会这样增长。于是，欧洲资本大量逃难至美国，而能够快速获得回报的方式莫过于股票，在欧美资本的加持下，大量的投机者买入股票，使美国的股票持续增长，直到1929年9月3日，美国股票达到了历史最高点。

　　而脱离实体的股票就犹如风中楼阁，随着泡沫到达顶峰，股价开始下跌，惊慌失措的情绪笼罩在华尔街每个角落。投机者见到股价下跌的趋势，为了防止股价跌得更低，便开始蜂拥抛售手中的股票，形成恶性循环。

> **华尔街**是美国纽约的一条街道，因汇聚了美国众多金融机构而被视为美国的金融中心，一度掌控和影响着整个世界的经济。时至今日，华尔街一词已经超越街道本身，成为对整个世界具有强大影响力的金融市场和机构的代名词。

　　到了1929年10月29日，美国股市中的5000多亿美元一夜之间化为乌有，大量的美国人积攒一生的财富在一瞬间烟消云散。经济危机导致社会体系崩塌，在几年的时间里，美国14万家企业倒闭，1700多万人失业。到1932年，美国损失了将近一半的财富，这场经济危机也蔓延到了全世界。

> **经济危机**是指一国或多国的国民经济在比较长的时间内持续不断收缩。

经济危机对社会的影响

1. 生产受到严重破坏，社会矛盾加深。
2. 经济危机引起了政治危机，资本主义各国社会矛盾尖锐，政局动荡。

1933年，富兰克林·罗斯福当选美国总统。他当选之时，美国充满了痛苦和绝望。而罗斯福却表现出异于常人的自信，他告诉美国人：我们唯一恐惧的只有恐惧本身。

这时的世界上，苏联通过国家干预经济，经过了第一个五年计划后，发展非常迅速，罗斯福决定学习苏联，国家干预经济，进行经济复苏，借此推出了"罗斯福新政"。新政对于美国社会各项问题都有所涉及。对银行进行了整顿，逐步恢复了银行信用；对工业进行调整，政府管控避免产能过剩；对农业进行补助，稳定农产品价格；对失业人口，政府投资，进行基建建设，创造出数百万就业岗位；在此之外还建立了社会福利体系，保障了最低人权，让人民能够活下去。

　　罗斯福身体残疾而不自弃，这份坚韧不拔的气质与乐观的精神也给美国人带来了勇气。随着新政的推行，美国经济逐步恢复。

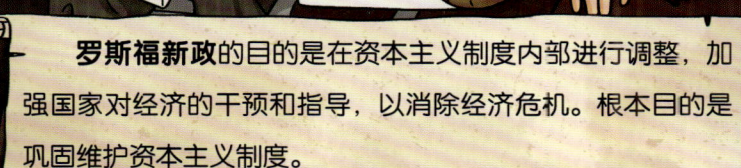

罗斯福新政的目的是在资本主义制度内部进行调整，加强国家对经济的干预和指导，以消除经济危机。根本目的是巩固维护资本主义制度。

罗斯福新政的启示
罗斯福新政为资本主义国家干预经济生活提供了先例，成为今天许多发达国家、发展中国家制定政策法规的依据。

美国在罗斯福的带领下逐步走出了经济危机，而德、日两国无法通过经济调整走出危机，则选择了通过对外扩张转移国内矛盾。1937年，日本全面侵华，第二次世界大战在亚洲爆发。1939年，德国入侵波兰，英法对德宣战，第二次世界大战全面爆发。

二战初期，美国依旧凭借独立于亚欧大陆的优势，选择中立，通过倒卖物资，赚了个盆满钵满。而随着战争的进行，罗斯福也敏锐地察觉到，如果由德日政权统一了亚欧大陆，那么美国也不能独善其身，于是开始向中、英、苏等主要抗战国家提供战争援助，开始间接参战。

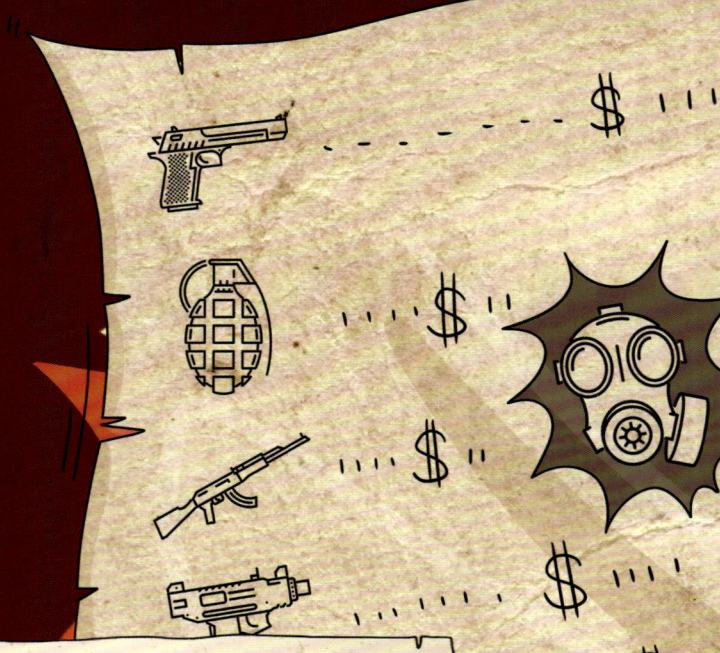

富兰克林·罗斯福也是美国历史上唯一一位任期超过两届的总统，任期一共是4届。因为1940年美国大选初期，恰逢二战爆发，美国民众十分恐慌，需要一个稳定的领袖。在此之前，美国总统连选连任不得超过两次只是个约定俗成的规定，直到1951年，美国宪法修正案才正式将这个规定写入了宪法。

1941年12月7日，日本偷袭美国太平洋舰队司令部所在的珍珠港，12月8日，美国对日宣战。德国为了策应盟友日本，在12月11日对美宣战，美国正式加入二战。这时候美国强大的工业能力开始体现，整个二战期间，美国建造了数十万架飞机与数百万辆汽车。

　　美国加入战场后，德日逐渐不敌。1945年5月8日，德国投降，同年9月2日，日本投降。

二战的启示

1. 和平来之不易，悲剧不能重演。
2. 人民是战胜法西斯的决定力量，是推动历史前进的真正动力。
3. 意识形态和社会制度不同的国家在平等的基础上能够联合起来，共同迎接人类面临的各种挑战，国与国之间应该和平共处；人类命运休戚相关，要加强国际合作，求得共同发展。

第二次世界大战把世界主要国家几乎都打垮了，苏联伤亡约 7000 万人；中国伤亡约 3500 万人；英国伤亡约 200 万人，但是战后殖民地纷纷独立，经济几近崩溃；法国伤亡不高，但是由于投降过快，160 万人成为俘虏，失去了大国之魂；德、日作为战败国，合计伤亡人数也超千万。

美国伤亡约 40 万人，虽然也是伤亡惨重，但是相比其他国家好了不少，由于本土并未遭到打击，恢复速度也更快，并且由于二战时的巨大影响力，使美国无论在政治影响力、军事实力、经济、科技能力等各方面都成为世界第一。战后的美国工业生产总值占到全球一半以上，并且在世界范围内建立了以美元为首的国际货币体系，还在世界 50 多个国家建立了军事基地，成为世界主导者。

什么是以美元为首的国际货币体系?

1947年7月,在美国新罕布什尔州布雷顿森林举行的联合国国际货币金融会议上,确立了以美元为中心的国际货币体系,也称为"**布雷顿森林体系**"。它使美元在战后国际货币体系中处于中心地位,相当于世界货币的作用。1971年,由于美元危机,尼克松政府宣布结束该体系,但自此以后,美元仍旧是世界最重要的国际货币。

1946年3月5日，丘吉尔发表了名为《和平砥柱》的长篇演说，揭开了冷战的序幕。

1949年，美国以维护集体安全为名发起成立了"北大西洋公约组织"，简称北约。作为应对措施，苏联也迅速在东欧组建了"华沙条约组织"，简称华约。至此，欧洲正式形成了北约和华约两大军事集团长期对抗的局面。

冷战是相对于真枪实弹的"热战"来说的，指"相互遏制，不动武力"，通过科技和军备竞赛、外交手段等方式进行的斗争。

在冷战期间，由于美苏都拥有核武器，热战的可能性大大降低。为了体现本国对世界的影响力，双方都铆足劲儿在科技领域竞争。许多改变生活的科技都是在冷战期间的美国产生的，电脑、原子能、核能的和平利用、人造卫星，以及美苏竞争中建造的航天飞机、人类空间站，执行的登月计划等成就引发了第三次科技革命，使人类一直受益至今。

第三次科技革命的标志

人类在原子能、计算机、航天技术、生物工程等领域取得重大突破。随着计算机网络技术的发展，人类进入信息化社会（信息时代）。

第三次科技革命的特点

1. 不仅涌现了大量的科学成果，而且加快了科学技术转化为生产力的速度。
2. 科学技术各个领域相互渗透，一种技术的发展引起好几种技术的革命。
3. 新技术成为社会生产力中最活跃的因素，科技进步在促进经济增长中所占的比重不断上升。

第三次科技革命的影响

1. 推动社会生产力空前发展。
2. 引起了世界经济结构和国际经济格局的变化，推动世界经济格局的多极化。

1991年，苏联解体，冷战结束。美国成为世界上唯一一个超级大国。

1991年，美国主导的海湾战争让全世界看到了美军的强大，这场战争中美军首次将大量高科技武器投入实战，掌握制空权后利用电磁优势直接碾压了伊拉克军队，美军最终以阵亡148人的代价击败了伊拉克，这场战争让全世界为其侧目，给世界各国的军事战略、战役战术和军队建设等问题带来了启示。

到 2021 年时，美国依旧有着接近 140 万人数的军队（不含文职和预备役），6000 多枚核弹，12 艘航母，上万架飞机的世界最强军事实力。也有全球最高的经济总量，与由全球外汇储备占比过半的美元所构成的经济霸权。还有苹果、特斯拉等世界顶尖的科技公司。美国依旧是名副其实的世界霸主。

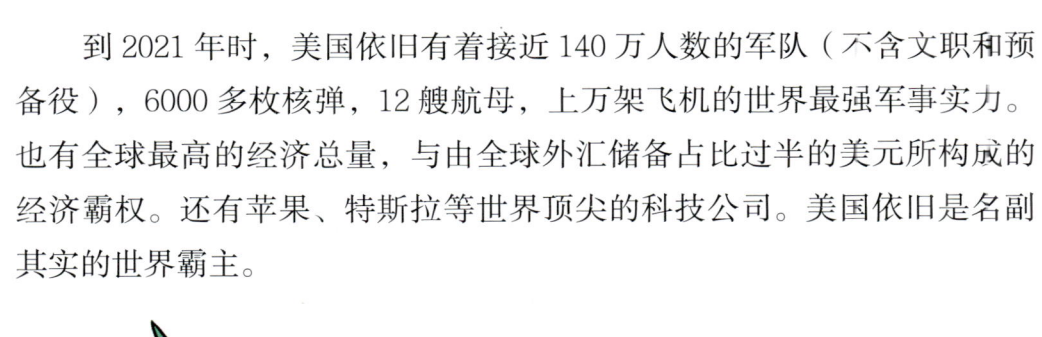

大国启示

美国作为一个后起的资本主义国家,在大约一个世纪的时间里,赶上并超过当时世界上最先进的资本主义国家——英国,并由此而崛起、发展、壮大起来。除去其"天然"具备的优越的地理位置和丰富的自然资源外,其中还有很多的经验可供我们借鉴和学习。

首先是必须维护国家主权完整。独立战争让美国摆脱英国的控制,走上了独立发展资本主义工业的道路。南北战争让美国的制度归为统一,向心力增强,以举国之力发展国力。

其次是必须推进和适应生产力的发展。1802年,美国成立了国家专利局,第一个专利审查员是美国第三任总统杰斐逊,足以看出美国对知识产权的看重。凭借专利保护,到19世纪后半叶,各种各样的发明如雨后春笋般出现在美国,令美国在第二次工业革命中独占鳌头。

第三是必须建立顺畅的法律机制。独立之初的美国极为松散,内乱丛生,而通过制宪会议制定的宪法的形成,为美国的经济发展提供了法律保障。

以史为鉴,可知兴衰。美国用了百余年的时间崛起为一个世界性的大国。独立战争的胜利获得了政治上的主权;美国内战的胜利结束维护了国家主权的统一,促进了资本主义生产的迅猛发展;西进运动开疆拓土,扩展了美国的领土,为资本主义的发展提供了原料和能源产地以及销售市场;两次世界大战的准确站队让美国站上世界之巅。多次重要、准确的选择,让美国最终成为世界霸主。

约25000年前　北美大陆已经有了印第安人活动。

1607年　英国人在弗吉尼亚州的詹姆斯敦建立了第一个殖民地。

1620年　一群英国清教徒乘坐"五月花"号来到马萨诸塞州，建立了普利茅斯殖民地。

1775年　列克星敦的枪声揭开了北美殖民地独立战争的序幕。

1776年　7月4日《独立宣言》发表，美国宣布独立，这一天也成为美国独立纪念日。

1781年　法美联军取得约克敦战役的胜利，奠定了独立战争胜利的基础。

1783年　英美签订《巴黎条约》，英国承认美国独立，战争结束。

1789年　华盛顿就职美国第一任总统。

1860年　林肯当选为美国第16任总统，美国南北矛盾激化。

1861年　南方军队炮轰联邦要塞，南北战争爆发。

1862年　发布《解放黑奴宣言》。

1865年　北方军队攻占南方都城里士满，美国南北战争以北方的胜利而宣告结束。

1898年　美西战争爆发，美国胜利。

1917年　美国加入一战，胜利后成为世界最大的债权国。

1941年　日本偷袭珍珠港，美国对日宣战，加入第二次世界大战。

1945年　美国在日本投掷原子弹，日本投降，第二次世界大战结束。

1949年　美国发起成立了"北大西洋公约组织"，简称北约。

1991年　美国主导了海湾战争。

图书在版编目（CIP）数据

这就是历史. 9，美国 / 唐晋主编. -- 石家庄 ：河北科学技术出版社，2023.6
ISBN 978-7-5717-1622-6

Ⅰ．①这… Ⅱ．①唐… Ⅲ．①世界史－青少年读物②美国－历史－青少年读物 Ⅳ．①K109②K712.09

中国国家版本馆CIP数据核字(2023)第104455号

这就是历史．9，美国
ZHE JIUSHI LISHI 9 MEIGUO
唐晋 / 主编

责任编辑：	李　虎
责任校对：	徐艳硕
美术编辑：	张　帆
封面设计：	柒拾叁号
出版发行：	河北科学技术出版社
地　　址：	石家庄市友谊北大街330号（邮政编码：050061）
印　　刷：	北京天工印刷有限公司
经　　销：	新华书店
开　　本：	700mm×1000mm　1/16
印　　张：	27
字　　数：	270千字
版　　次：	2023年6月第1版
印　　次：	2023年6月第1次印刷
书　　号：	ISBN 978-7-5717-1622-6
定　　价：	270.00元（全九册）